Psalmenpredigt

Klage und Lob der Gemeinde

Psalmenpredigt

Klage und Lob der Gemeinde

13 Predigten in der Stiftskirche Tübingen

Herausgegeben von der
Evang. Studentengemeinde Tübingen

J. F. Steinkopf Verlag Stuttgart

Einband Roland Sauer.
Gesetzt, gedruckt und gebunden 1975 bei Wilhelm Röck,
7102 Weinsberg, Schwabstraße 20.

ISBN 3 7984 0309 0

Inhalt

Vorwort

Es ist schon fast Tradition, daß die Predigten der 11-Uhr-Gottesdienste der Evang. Studentengemeinde (ESG) Tübingen jeweils im Wintersemester als Reihe angelegt sind. Nachdem in den vergangenen Jahren über die Bergpredigt und den Propheten Jesaja gepredigt worden war, wählte der Gemeinderat der ESG für das Wintersemester 1974/75 die *Psalmen.* Zur Begründung dieser Entscheidung möchten wir einiges über unsere Gemeinde und ihre Situation berichten. Dabei ist zu beachten, daß sich seit dieser Entscheidung vieles weiterentwickelt hat.

1. Seit geraumer Zeit findet zwischen dem Evang. Oberkirchenrat bzw. der Württ. Landessynode und uns eine Auseinandersetzung darüber statt, was eine Studentengemeinde eigentlich zu tun und was sie zu lassen hat – gemeint ist der oft erhobene Vorwurf, die Studentengemeinde sei politisch einseitig orientiert und engagiert und kümmere sich zu wenig um Verkündigung. Bestritten wurde dabei vor allem unser Selbstverständnis als Gemeinde und damit auch die Zusammengehörigkeit von Studentenpfarrer und Studentengemeinde. Unser Verständnis als Gemeinde wurde u. a. daran gemessen, daß die Gemeindeglieder der Studentengemeinde nicht in einer Kartei erfaßt sind, daß sie nur kurz in der Gemeinde mitarbeiten und daß sie weit voneinander entfernt wohnen. Keine Frage: Fluktuation und räumliche Verstreutheit sind für uns hinderlich, ebenso wie andere technische Schwierigkeiten oft genug die Arbeit erschwe-

ren (z. B. dauern die Sitzungen des Gemeinderats den meisten von uns viel zu lange). Aber die eigentlichen Probleme unserer Arbeit als Studenten*gemeinde* sehen anders aus: Es ist bei uns oft zu wenig gegenseitiges Verständnis und Eingehen aufeinander; wir finden es eine sehr schwierige Sache, Theorie und Praxis in Einklang zu bringen; wir merken, daß der Einzelne oft nicht zu seinem Recht kommt und auch, daß die Gemeinde nur wenig zustande bringt; wir haben keine festen Modelle und Lösungen; ständig tauchen Probleme auf, bei denen wir zu prüfen haben, was wir als Gemeinde zu sagen und zu tun hätten; wir fragen nach dem Sinn unserer Gottesdienste und können uns oft mit ihrer Form und manchmal auch mit den Predigten nicht zurechtfinden – so wie mancher Prediger seine Probleme mit uns und unserer Arbeit hat; wir erfahren es immer wieder, wie schwierig es ist, politische Arbeit und theologische Diskussion miteinander zu verbinden; wir möchten gern mehr Studenten erreichen und ansprechen, die der Kirche und dem Evangelium fremd und abweisend gegenüberstehen, und solche, die mit Arbeit und Alltag nicht zurechtkommen.
Aber gerade in diesen Schwierigkeiten verstehen wir uns als Gemeinde, die sich mit dem Evangelium beschäftigt und auseinandersetzt und die Anstöße aufnimmt, die in unsere Umwelt hinein – die Hochschule, die Landeskirche, die Gesellschaft – wirksam werden sollen. Daher ist es für uns nicht verständlich, daß Oberkirchenrat und Synode diesen Anspruch nicht gelten lassen wollen. Sollte hier in Württemberg eine Position, wie wir sie vertreten, unmöglich sein?

2. Unsere Umwelt – das ist in erster Linie die Tübinger Universität. Wir haben im Vorwort der ersten beiden Predigtbände dazu einige Informationen gegeben. Der Vollständigkeit halber sei erwähnt, daß es jetzt 17 000 Studenten sind (und im nächsten WS wird ein weiteres Tausend dazugekommen sein); daß weitere sieben Fächer nur eine beschränkte Zahl von Studenten aufnehmen (darunter jetzt in Zukunft z. B. auch Jura); daß die neue Grundordnung die Selbstverwaltung und Selbst-

vertretung der Studentenschaft weiter einschränkt; daß Prüfungsordnungen in einigen Fächern verschärft wurden; daß die Regelstudienzeit (Lehramtskandidaten dürfen nur noch acht Semester studieren) den Druck verschärft, unter dem viele leiden; daß sich die Preissteigerungen wie für den Großteil der Bevölkerung so auch für uns z. T. katastrophal auswirken.

Zwei Punkte beschäftigen uns immer wieder besonders, zwingen uns zum Nachdenken und veranlassen uns auch zum Handeln. Zum einen ist es die Frage, was heutzutage eigentlich die Aufgabe einer Universität ist, wozu sie dient, welche Funktion sie hat. Ist sie, wie es früher ansatzweise war, ein Freiraum für Lernen, Lehren, Forschen? Ein Ort also, der sich dadurch auszeichnet, daß er keine Einschränkungen kennt im Blick auf Inhalt und Art des Studiums, weil nur so Freiheit des Denkens möglich ist? Oder ist die Entwicklung nicht schon längst darüber hinweggegangen: Die Universität ist dazu da, möglichst viele Studenten in möglichst kurzer Zeit auszubilden, zu »produzieren«, und zwar so, daß sie eben gerade den vom zukünftigen Beruf in Industrie, Staat, Gesellschaft gestellten Anforderungen genügen – mehr nicht. Dabei wird selbstverständlich nicht danach gefragt, ob die Betroffenen ihre Probleme und Konflikte durchdacht und sich ein eigenes Urteil gebildet haben: Eigenständigkeit ist weder gefragt noch verwertbar. Dieser tiefgreifende Wandel, in dem sich die Universität befindet, führt zu Unsicherheit bei allen, die hier leben und arbeiten.

Zum anderen: Die weit überwiegende Zahl der Studenten hat neben dem Studium ihres Faches außer Kino u. ä. kein weitergehendes Interesse: Äußere Umstände und innere Bedingungen ergeben, daß letztlich im hochschulpolitischen und politischen Bereich sehr wenig Engagement möglich ist. Nicht zu starke oder einseitige Politisierung der Universität ist das Problem, sondern das Desinteresse der Mehrzahl. Es ist nicht sinnvoll zu fordern, daß der gesellschaftspolitische und der universitäre Bereich voneinander getrennt werden – aus dem Gesagten geht hervor, daß die Universität gerade ein gesellschaftspolitischer Faktor mit entscheidender Bedeutung geworden ist. Von daher sollten sich die Studenten über ihre Studienarbeit im engeren Sinn hinaus auch dafür interessieren, wie die Lehrpläne aussehen, wie und von wem Prüfungsordnungen gestaltet werden, welche Berufsperspektiven es gibt und welchen Wert Studium und Universität für die Gesellschaft haben.

3. Zurück zur Ausgangsfrage: Warum wählten wir als Predigttext die Psalmen?

Das Volk Israel hat sich seine grundlegenden heilsgeschichtlichen Traditionen im Gottesdienst vergegenwärtigt. Dieser Gottesdienst war »keine naturhaft-magische Lebenserneuerung . . ., sondern Begegnung mit dem Herrn des ganzen Lebens« (H. J. Kraus, Psalmen); dieser Jahve ist ein Gott des Rechtes und der Gerechtigkeit, er hat das Volk erwählt. In diesen kultischen Bereich gehören die Psalmen. Sowohl die aus der privaten Sphäre stammenden Klage-, Dank- und Vertrauenslieder, wie auch die Klagelieder des ganzen Volkes, deren Ursachen vor allem politische Notstände waren, wurden zumeist im Heiligtum vorgetragen und galten dem »deus praesens«, dem gegenwärtigen Gott. Die Heilserfahrungen der einzelnen Glieder des Gottesvolkes blieben nicht im privaten Bereich, sie wurden der ganzen Gemeinde erzählt und bezeugt. Eine private Frömmigkeit gibt es im Psalter nicht.

Zuversicht, Lob und Freude kommen in den Psalmen zum Ausdruck, aber nicht, um Not, Angst, Elend und Leiden zu vergessen oder die Klagenden zu vertrösten, sondern weil Hoffnung ist auf Antwort, auf Hilfe Gottes. Unterdrückung und Leiden *müssen* nicht sein; Krankheit und Verzweiflung sind keine unabänderlichen Tatsachen; es gibt vielmehr eine Möglichkeit der Befreiung, eine Möglichkeit, Herrschaft von Menschen über Menschen abzubauen; dazu ist es nötig, Ursachen des Elends zu finden, aufzudecken und zu beseitigen.

»Willst du die heilige Christliche Kirche gemalt sehen mit lebendiger Farbe und Gestalt, in einem kleinen Bild gefaßt, so nimm den Psalter für dich, so hast du einen feinen, hellen, reinen Spiegel, der dir zeigen wird, was die Christenheit sei, ja du wirst dich auch selbst drinnen ... finden, dazu Gott selbst und alle Kreaturen« (M. Luther). Sieht man die Situation der Studentengemeinde auf diesem Hintergrund, so ist der Schritt von den Psalmen zur ESG, von der ESG zu den Psalmen eigentlich gar nicht so groß. Die in den Psalmen genannten Konkretionen und Situationen, die Tiefe und Betroffenheit der Klage, die Größe der Hoffnung und des Lobes sprachen uns oft unmittelbar an – sie verknüpften sich mit unserer eigenen Situation, die Hoffnung nötig hat. Wir meinten, daß sich die in den Psalmen gegebenen Antworten auch für uns als hilfreich und weiterführend erweisen könnten. Nicht, daß sich die Psalmen in unsere Zeit einfach übertragen ließen; aber wo die Situationen Ähnlichkeiten aufweisen, sollten auch die Antworten, die die Texte geben, Anstoß und Beispiel, Hoffnung und Hilfe sein können.

4. Welche Rolle das Verhältnis zwischen Altem und Neuem Testament spielt, wie weit von Christus in den Psalmen die Rede sein kann und wie wichtig es ist, welche Beziehung Jesus zu den Psalmen hatte, wollten wir von den Predigern hören – wie auch Antwort darauf, ob und wie heute Loblieder gesungen werden können.

Lange diskutierten wir darüber, ob die Prediger »ihre« Psalmen selber wählen können oder wie wir eine Vor-Auswahl treffen sollten. Wir ließen dann den Predigern freie Wahl – es würde reizvoll und interessant sein, wer welchen Psalm wählt. Daß über Psalm 126 zweimal gepredigt wurde, lag daran, daß ein Prediger sehr kurzfristig für einen krank gewordenen einspringen mußte.

Insgesamt fanden 14 Studenten-Gottesdienste statt, einer als ökumenischer zusammen mit der Kath. Hochschulgemeinde, einer mit der Studentenmission Deutschlands (SMD), zwei waren Abendmahlsgottesdienste. Die Predigten wurden gehalten vom Landesbischof, von Professoren und Assistenten des Evang.-Theol. Fachbereichs, vom Studentenpfarrer und vom ESG-Team (Vertrauensstudenten und Studentenpfarrer). Drei-

zehn Predigten werden hier abgedruckt – ein Prediger veröffentlicht keine Predigt und blieb auch diesmal seinem Grundsatz treu. Zehn Nachgespräche fanden statt; aus technischen und prinzipiellen Gründen fielen vier aus – zum großen Bedauern vieler Gottesdienstbesucher.
Wir danken allen Predigern ausdrücklich für ihre Bereitschaft zur Mitarbeit und Veröffentlichung; sie identifizieren sich dadurch gewiß nicht mit allem, was im Vorwort gesagt oder was sonst von der ESG getan wird – so wenig wie sich die ESG mit allem identifiziert, was bei den Predigten oder bei anderen Veranstaltungen der ESG gesagt wird. Wir sind freilich der Meinung, daß gerade auch solche Zusammenarbeit fruchtbar sein kann. Der Evang. Landeskirche Württemberg und der Evang. Akademikerschaft, Landesverband Württemberg, danken wir für Zuschüsse zu den Druckkosten.

Tübingen, April 1975

Für den Gemeinderat der ESG Tübingen:
Ingrid Kaesler, Annette Marzinzik, Wolfgang Stark,
Theophil Steudle, Albrecht Thiel

Theophil Steudle

20. Oktober 1974

Psalm 15:

1 Jahve, wer darf weilen in deinem Zelt,
wer darf wohnen auf deinem heiligen Berg?

2 Wer untadelig wandelt und Gerechtigkeit übt
und Wahrheit redet in seinem Herzen.

3 Wer nicht mit der Zunge Verleumdung verbreitet,
seinem Nächsten nichts Böses antut
und nicht Schmach auf den Nachbarn lädt.

4 Dem der Verworfene verächtlich ist,
der ehrt, die Jahve fürchten.
Der nicht schwört zur bösen Tat.

5 Sein Geld gibt er nicht gegen Zins,
Bestechung gegen Unschuldige nimmt er nicht an.
Wer so handelt, wird ewig nicht wanken.

Liebe Gemeinde!

Möglicherweise erwarten Sie von diesem Gottesdienst, besonders von dieser Predigt, ziemlich konkrete Sätze, Stellungnahmen, Handlungsanleitungen – geht es doch um einen entsprechenden Psalm, um den Semesteranfangsgottesdienst, um eine Studentengemeinde und einen Studentenpfarrer mit einem bestimmten Image. Was wäre da anderes zu erwarten? Was liegt von Situation und Text her näher, als über Ungerechtigkeit, Unwahrheit, Verleumdung zu sprechen, über Bestechung und Zinswucher, über Ausbeutung und Unterdrückung, über Kriminalisierung und Isolationsfolter und über all die Fragen, Schwierigkeiten und Probleme, die sich zu Semesteranfang jedem von uns stellen?

1. In der Tat scheint der Psalmtext direkt zum Tun aufzurufen und Maßstäbe anzugeben, mit dem ganz bestimmten Ziel, im Zelt Jahves, auf seinem heiligen Berg zu wohnen. Auch die Kommentare zum Text reden von Bedingungen, die zu erfüllen sind, und von Grundsätzen, denen gerecht zu werden sei.
Vers 1 des Psalms stellt eine Frage, die anderen Verse geben die Antwort: Wer diesen Gehorsam leistet, erreicht das Ziel. Was läge also näher, als zu Beginn des Semesters – da die meisten noch Energie haben, Begeisterung vielleicht – zum *Tun* aufzurufen in Studium, Hochschule, Studentengemeinden, Arbeitskreisen oder wo auch immer? Aber sind die Aufforderungen unseres Psalms hier und heute so ungebrochen zu verstehen?
Ganz sicher ist vom Tun auch zu reden, ohne Zweifel muß auch in diesem Semester etwas getan werden. Aber zuerst ist von den *Voraussetzungen unseres Handelns* zu reden, von den Bedingungen, den Grundlagen, dem Ausgangspunkt unseres Lebens überhaupt. Dabei wird der Begriff Voraussetzung doppelt gebraucht: Im Sinn der Voraus-*Setzung* – was unserem Leben voraus-*gesetzt* ist (also die Betonung des Vergangenen); und im Sinn der *Voraus*-Setzung – was unserem Tun *voraus*-gesetzt ist (also die Betonung des Kommenden).

1.1. Niemand unter uns handelt ohne ganz bestimmte Voraussetzungen; die Frage ist nur, ob sie uns bewußt sind oder nicht, ob wir sie uns bewußt machen oder nicht. Jeder trägt oder schleppt seine »Voraussetzungen« mit sich herum – seine Herkunft, seine Veranlagung, sein Erbe, seine Erziehung, seine Familie, seine Fragen, Zweifel, Ängste. Dies alles sind Voraus-*Setzungen* unseres Handelns, ist diesem jeweils voraus-*gesetzt*. Wie entscheidend es ist, welcher gesellschaftlichen Schicht wir zugehören, welche Rolle politische, geographische, insbesondere ökonomische Voraus-*Setzungen* spielen, ist längst nicht hinreichend geklärt. Es sind alles Voraus-*Setzungen* unseres Handelns, unserer Existenz, unseres Lebens; Fakten, Daten, von denen wir abhängig sind, ob wir es wollen oder nicht, und die uns bestimmen, eher mehr als weniger. Je früher und je genauer wir uns dieses bewußt machen, desto besser. Je weniger wir davon »wissen«, desto größer ist der Einfluß dieser Daten. – Zu Anfang eines neuen Semesters ist es wichtig, daran zu erinnern; einige Arbeitskreise beschäftigen sich während des Semesters damit.

1.2 Aber jetzt geht es um eine *Voraus*-Setzung, über die nachzudenken unser Text uns Mut macht und anleitet. Der z. Zt. gewichtigste Psalmenkommentar, von H. J. Kraus, sieht in dem Psalm eine Art Liturgie für den Eintritt ins Heiligtum Jahves in Jerusalem. Nach Jerusalem wallfahrende Pilger fragen den Priester bzw. das Kultpersonal nach den Bedingungen zum Eintritt in den Tempel. Die Antwort zählt Sätze alttestamentlichen Gottesrechtes auf, deren Befolgung die Teilnahme am Kultus ermöglicht. Nach der Bekanntgabe dieser Bedingungen beginnt der Einzug. Wichtig dabei ist – so der Kommentar –, daß Gottesdienst und Leben eng miteinander verbunden sind, daß das Gottesrecht zum Kultus wesensmäßig dazugehört: der Gottesdienst beginnt mit der entscheidenden Frage nach dem Gehorsam der Teilnehmer. So weit, so gut. Wichtiger erscheint jedoch etwas, das Kraus zwar anschneidet, aber hernach nicht weiterführt. Er stellt fest: Wer ins Heiligtum geht, tritt auf einen Grund, den die großen kosmischen Katastrophen nicht erschüttern können, der nicht wankt. Diese Teilhabe an Jahve, dem ewigen Fels, wird verstanden als etwas, das das Leben des Menschen trägt und bestimmt. So hat der Zion im Alten Testament den Charakter einer »alle irdischen Lebensverhältnisse überragenden Letztwirklichkeit«. Der Psalm setzt also als selbstverständlich *voraus,* daß es Zelt und heiligen Berg Jahves gibt. Und deswegen kommt alles darauf an, inwiefern »Zelt« und »heiliger Berg« Jahves nicht nur das Ziel menschlichen Handelns, sondern auch seine *Voraus*-Setzung angeben. Inwieweit ist nämlich *menschliches* Handeln erst und nur möglich, wenn es von einer *Voraus*-Setzung her geschieht und nicht unter dem Zwang und Krampf dessen, was uns alles voraus-*gesetzt* ist? Welche *Voraus*-Setzung könnte überhaupt *menschliches* Handeln ermöglichen?

1.3 Mag sein, daß die alttestamentlichen Kommentare recht haben, wenn sie diesen Psalm und andere Psalmen und Stücke des AT so auslegen, daß es um den Gehorsam geht und der Gehorsam das »Recht auf Eintritt« gibt. Wir lesen heute den Psalm als Menschen, denen Jesus das Kommen des Reiches Gottes verkündigt und verheißen hat: Das Kommen des Reiches Gottes als der Kraft und Macht, die unser Handeln qualifiziert, bestimmt, richtet. Wir lesen deswegen den Psalm heute so, daß die Hinweise vom bleibenden Felsen, vom Zelt, vom heiligen Berg Zion nichts anders angeben als die *Voraus*-Setzung für *menschliches* Handeln. Handeln als menschliches Handeln ist möglich, weil es solchen Felsen, solches Zelt, solchen Berg Zion gibt.
Diese Hinweise deuten an, was Jesus mit dem Reich Gottes verkündigt: die neue Stadt, das himmlische Jerusalem, den Berg Zion, die goldenen Gassen, den neuen Himmel, die neue Erde – sie alle zeigen nicht etwas an, was vorbei und vergangen ist, aber auch nicht etwas, was als Hirngespinst oder Träumerei, als Flucht oder Ausrede abgetan werden könnte. Es sind Signale für Hoffnung und Verheißung, es ist die Voraussetzung unseres menschlichen Handelns und Grund unseres Lebens überhaupt. Dabei handelt es sich nicht um ein statisches, unbewegliches, festliegendes Etwas, das wir hinter uns haben, sondern um ein bewegendes Bewegtes – ein *Voraus*-Gesetztes, das uns und unser Tun bestimmt. Wo uns nicht ein solches *Voraus*-Gesetztes bewegt, da lähmt uns, was in unserem Leben voraus-*gesetzt* ist. Daß wir überhaupt menschlich leben und handeln können, hängt an der Voraussetzung des Kommenden, des Reiches Gottes. Dafür sind Zelt und Berg unseres Psalms Hinweise.

2. Wenn dieses die Voraussetzung unseres Handelns ist, dann ist jetzt vom *Handeln unter dieser Voraussetzung* zu reden. Keine Frage: die Voraussetzung für Handeln ist ohne Handeln sinnlos, so wie sich Handeln ohne Voraussetzung in Beliebigkeit auflöst.

2.1 Es wäre freilich nichts falscher als die Meinung: Nachdem die Voraussetzungen geklärt sind, können wir flugs zur Tat schreiten – nach dem alten Motto von den genug gewechselten Worten, denen die Taten zu folgen haben. Im Gegenteil: Es bleibt uns – schon von unserem Text her – nicht erspart, uns auch über das Handeln unter der genannten Voraussetzung Gedanken zu machen. Geradezu unverblümt werden in Vers 2–5 unseres Psalms handfeste Anhaltspunkte aufgezählt. Vers 2 sagt es mehr grundsätzlich: Untadelig wandeln, Gerechtigkeit üben, Wahrheit reden. Verse 3–5 nennen konkrete Beispiele: Nicht mit der Zunge Verleumdung verbreiten, seinem Nächsten nichts Böses antun, nicht Schmach auf den Nachbarn laden, jene ehren, die Jahve fürchten, die von Jahve Verworfenen verachten, nicht schwören zur bösen Tat, sein Geld nicht gegen Zins geben, Bestechung gegen Unschuldige nicht annehmen – wer so handelt, handelt entsprechend den Voraussetzungen des Zeltes Jahves, des heiligen Berges.
Es ist erfrischend, wie konkret hier geredet wird. Da wird nicht verschleiert, erklärt, entschuldigt, verbrämt, sondern beim Namen genannt. Das Leben in dieser Gemeinschaft ist geprägt von der Mühe um die Gemeinschaft, in die der Einzelne verflochten ist.
Angesprochen wird das Leben der Menschen miteinander in seinen vielfältigen Verästelungen. Das überrascht insofern, als es sich doch um eine Einzugsliturgie handelt, um die Teilnahme am Kult. Wäre da nicht eine andere Aufzählung zu erwarten gewesen? Etwa so: Wer Opfer bringt, nämlich Speis- und Trankopfer, wer betet und singt, wer kultische Vorschriften befolgt – der entspricht den Voraussetzungen. Doch nichts von alledem; es ist nicht nur in den Hintergrund gerückt, sondern

geradezu abgelehnt. Dies dürfte kaum mit der Entstehungszeit des Psalms zusammenhängen; früher und später erst recht gab es rituelle Vorschriften, deren strenge Einhaltung gefordert war – im Psalm ist davon nicht die Rede.
Im Gegenteil. Es kommt dieser Psalmliturgie darauf an, deutlich zu machen: das dem Berg Zion entsprechende Verhalten und Tun zielt auf die Gemeinschaft der Menschen, auf Leben miteinander.

2.2 Dies gilt erst recht, wenn wir mit einbeziehen, was Jesus vom kommenden Reich Gottes gepredigt hat. Das Handeln unter der Voraussetzung des kommenden Reiches Gottes umfaßt das ganze Leben der Menschen – in seinen politischen und wirtschaftlichen Bereichen und im Blick auf Rechtsfragen. Es beauftragt jene, die es durch sein Kommen bestimmt, ihre Verantwortung gerade in den Bereichen wahrzunehmen, die für das Leben der Menschen entscheidend sind. Es ist unmittelbar einleuchtend: wo das Kommen des Reiches uns *verheißen* ist und nicht von uns geleistet werden muß, da haben wir den Rücken frei, dafür zu arbeiten, daß Menschen menschlicher leben können.
Gerade deswegen müssen wir aber noch einen Schritt weiter gehen. Was meint denn »untadelig wandeln, Gerechtigkeit üben, Wahrheit reden«? Wer von uns verbreitet denn Verleumdung, wer tut Böses an, wer lädt Schmach auf den Nachbarn, wer schwört zur bösen Tat, wer von uns nimmt 30–50 Prozent Zins, wie es damals üblich war, und Bestechung auch noch Unschuldiger kommt »in unseren Kreisen« doch ausgesprochen selten vor. Was dieses alles heißt und wie solches Handeln aussehen kann, hat uns Jesus Christus gezeigt, der vom kommenden Reich Gottes bestimmte Verkündiger dieses Reiches, der unter dieser *Voraus*-Setzung lebte und starb. Nicht umsonst wird er der »Gerechte« genannt, und darum ist es nötig und hilfreich, sich mit dem zu beschäftigen und auseinanderzusetzen, was uns von Jesus im Neuen Testament berichtet wird.

2.3 Es ist aber nicht damit getan, auf Jesus und sein Tun zu verweisen. Dies ist als solches nicht übertragbar, jedenfalls nicht ohne weiteres; auch nicht nachzumachen – bei allem Respekt vor jedem, der das versucht. Wir können allerdings dem, was Jesus verkündigt und gelebt hat, nur gerecht werden, wenn wir einerseits seine Einmaligkeit respektieren; *sein* Eintreten für Leidende, Hungernde, Arme, Elende, Ausgestoßene, seine Botschaft für Kranke, Einsame, Unterdrückte. Aber andererseits müssen wir genau und sorgfältig darauf achten, wie es um uns her ausschaut, welches die Ursachen für alles sind, was unserem Tun voraus-*gesetzt* ist. Es gilt, sich z. B. zu informieren über jene Mechanismen, Zwänge und Widersprüche, die den heutigen Zustand organisierter Friedlosigkeit in unserer Welt schaffen und aufrechterhalten. Wir dürfen uns nicht damit begnügen, nur das jeweils für den Augenblick nötig und richtig Erscheinende tun zu wollen, weil eben nur dies möglich sei. Gerade das ist uns von der *Voraus*-Setzung des kommenden Reiches her nicht möglich. Auch der Verfasser unseres Psalms hat dabei genau darauf geachtet, was um ihn herum im Volk und bei seinen Nachbarn geschah und worin dieses wiederum seine Ursachen hatte. Meint: Unter der genannten *Voraus*-Setzung für unser Handeln müssen wir die Voraus-*Setzungen* unseres Handelns genau zu erkennen versuchen, damit unter *der Voraus*-Setzung unseres Handelns für andere Menschen *Voraus*-Setzungen menschlichen Lebens möglich werden. Dabei bezieht sich unser Handeln auf die Anhaltspunkte, die Jesus vom kommenden Reich her gibt. Von diesem Reich heißt es: dort wird es keine Tränen mehr geben, kein Leid, kein Geschrei. Es wird ein neuer Himmel sein und eine neue Erde, ohne Tod und ohne Schmerz. Oder, wie es der Prophet Micha ausdrückt: Vom Berg Zion wird Weisung ausgehen und des Herrn Wort von Jerusalem. Er wird unter großen Völkern richten und viele Heiden lehren in fernen Landen. Sie werden ihre Schwerter zu Pflugscharen und Spieße zu Sicheln machen. Es wird kein Volk wider das andere das Schwert erheben, und sie werden hinfort nicht mehr lernen Krieg zu führen. Ein jeder wird unter seinem

Weinstock und Feigenbaum wohnen, und niemand wird sie schrecken. Zu derselben Zeit werden die Lahmen gesammelt und die Verstoßenen zusammengebracht werden.

Anregungen, Hinweise, Anhaltspunkte genug! Dies verheißene, kommende Reich ist *Voraus*-Setzung unseres Handelns und bestimmt als solche unser Tun als das diesem Reich *entsprechende* Tun.

3. Wohl mancher unter uns wird jetzt denken: »Armer Utopist«. Er hätte recht, gäbe es nicht auch in unserem Psalm die *Verheißung für das Handeln unter dieser Voraussetzung.*

3.1 Es ist wohl keinem von uns verborgen geblieben – Studentengemeinde und Studentenpfarrer zumal nicht –, wie zur Zeit die Zeichen stehen. In Bonn und hier, im Stuttgart Filbingers und im Stuttgart des Evang. Oberkirchenrats und der Landessynode hat man das Bewahren im Sinn, das Bewahren des Bewährten und das Ordnen des Geordneten. Man kann nicht genug kriegen mit Herzählen dessen, was man erreicht hat: wie gut wir's im Vergleich zu andern haben. Ja nicht das Erreichte aufs Spiel setzen! Man muß sich eben begnügen mit dem, was wir haben. Das Beste wird auf jeden Fall getan, und man soll sich an das Mögliche und das Machbare halten. Außerdem sind Welt und Menschen böse; damit muß man rechnen und sich abfinden. Die Aufgabe der Kirche ist dabei eben spezifisch... Und ihr ist doch wohl das Eigentliche... Und das Heil der Welt... Das Politische geht sie nichts an... Und die Studentengemeinde soll jetzt endlich..., wenn nicht... – So oder doch ähnlich die »Realisten« zu jenen, die man »Utopisten« nennt.

Diese Spannungen, diese Widersprüche gehen quer durch unsere Kirche und durch unsere Gesellschaft. Es kommt aber darauf an, ob die Gewichte schon deswegen verteilt sind, weil die eine Seite das Sagen hat und damit die Macht, sich Geltung zu verschaffen. Dies allerdings ist verteilt und ausgemacht – die Synode wird ihre Beschlüsse gegen die Studentengemeinden fassen, der OKR steht auf ihrer Seite, die Landesregierung wird Berufsverbote aussprechen, die Universität wird die Erlasse des Kultusministeriums durchführen, die Studienbedingungen werden weiter verschärft werden, der Unterschied zwischen arm und reich hier und in der ganzen Welt wird größer werden, Ausbeutung und Unterdrückung, Folterungen und Diskriminierungen werden sich eher verschärfen als zurückgehen. Also doch: Arme Utopisten!?

3.2 Wenn wir die *Voraus*-Setzung unseres Handelns vergäßen, in der Tat. Aber unter der *Voraus*-Setzung des kommenden Gottesreiches gilt unserem Handeln die Verheißung unseres Textes: »Wer so handelt, wird ewig nicht wanken.« Jener Psalmenbeter hätte diesen Satz nicht sagen können, stünde er nicht – bildlich gesprochen – auf einem Felsen. Wie sollte er auch auf schwankendem Grund und Boden fest stehen? Aber eben weil er auf dem festen Boden des Felsens Zions steht, wird er nicht wanken. Aber wir, heute? Angesichts der geschilderten Situationen liegen doch andere Reaktionen näher: Wer sieht, daß trotz aller Mühe und Anstrengung nichts besser zu werden scheint, eher viel schlimmer, der wird entweder resignieren oder in Aktionismus, vielleicht auch in nicht mehr vermittelbaren Radikalismus verfallen, der das Handeln wieder beliebig erscheinen läßt.

Beides erfahren und beobachten wir immer wieder. Wenn Menschen sich resignierend zurückziehen, sollten wir dies nicht unterschätzen und herabspielen; es ist weit gekommen, wenn Menschen nicht mehr mitmachen können, weil sie den Mut und die Hoffnung verloren haben.

Oder: Weil alles zu langsam geht, muß alles beschleunigt werden, egal mit welchen Mitteln. Auch dieses sollten wir nicht unterschätzen, wenn Menschen die Gemeinschaft mit anderen – auch ähnlich Gesinnten – abbrechen. Nicht nur die eigene Radikalität ist das Problem, sondern die Unmöglichkeit von Vermittlung.

3.3 Doch wie beidem entgehen, ohne dabei das Handeln außer acht zu lassen?
Wenn es die *Voraus*-Setzung unseres Handelns ist, daß Gottes Reich kommt, dann ist es nicht unsere Aufgabe, dies Reich selber herzustellen oder auch darzustellen. Wir sind nicht das Zelt, der Berg, die Stadt. Wenn unser Handeln unter dieser *Voraus*-Setzung geschieht, dann hat es Verheißung, Zukunft, Hoffnung. Und dies gerade nicht, weil wir die Widersprüche, Zwänge, Mechanismen kunstvoll verschleiern und also Bestehendes nur bestätigen. Sondern deswegen, weil Handeln unter dieser *Voraus*-Setzung die Voraus-*Setzungen* aufdeckt, sie bewußt macht, abbaut und verändert.
Die Verheißung gilt diesem Handeln, weil es von Gott angenommenes Handeln ist – es entspricht dem Kommenden, dem Reich, dem Handeln Jesu Christi, des Gerechten, um dessentwillen wir *ewig* nicht wanken werden. Das heißt konkret: auch im Wintersemester 1974/75 nicht.

Gerhard Marcel Martin 27. Oktober 1974

Psalm 88:

Ein Lied, ein Psalm der Korahiten, ein Lied des Esrahiten Heman.
O Herr, mein Gott, ich rufe um Hilfe bei Tage und schreie des Nachts vor dir.
Laß mein Gebet vor dich kommen, neige dein Ohr zu meiner Klage!
Denn meine Seele ist mit Leiden gesättigt und mein Leben dem Totenreich nahe.
Schon zähle ich zu denen, die zur Grube fuhren, ich bin geworden wie ein kraftloser Mann.
Unter den Toten muß ich wohnen, Erschlagenen gleich, die im Grabe liegen, deren du nicht mehr gedenkst und die von deiner Hilfe geschieden sind.
Du hast mich hinunter in die Grube gelegt, in Finsternisse, in Meerestiefen.
Schwer lastet dein Grimm auf mir, all deine Wogen gehen über mich hin.
Meine Freunde hast du mir entfremdet, hast mich ihnen zum Abscheu gemacht. Ich bin gefangen und kann nicht heraus,
mein Auge verschmachtet vor Elend. Ich rufe dich an, o Herr, allezeit, ich strecke meine Hände aus zu dir.
Wirst du an den Toten Wunder tun? Können Schatten aufstehen, dich zu preisen?
Wird deine Gnade im Grab verkündet und deine Treue im Abgrund?
Werden deine Wunder in der Finsternis kund, dein Heil im Lande des Vergessens?
Darum schreie ich zu dir, o Herr, jeden Morgen tritt mein Gebet vor dich.

Warum, o Herr, verstößest du meine Seele und verbirgst dein Antlitz vor mir?
Elend, hinsiechend von Jugend auf, muß ich deine Schrecken tragen und ermatte.
Deine Zornesgluten gehen über mich hin, deine Schrecknisse vernichten mich.
Sie umfluten mich wie Wasser allezeit, sie umringen mich allzumal.
Den Freund und Genossen hast du mir entfremdet, mein Vertrauter ist die Finsternis.

Auswegloses Leid, liebe Gemeinde – es sei denn, das Klagen sei schon ein Ausweg. Ein kraftloser Mann, der dem Tod nahe ist, betet, schreit, klagt, klagt Leben ein, beklagt sich, daß er keine Freunde mehr hat, klagt Gott an, daß er ihn verlassen hat, verstoßen hat, sein Antlitz verbirgt – und kriegt keine Antwort. Kein Trost, keine Wende, kein Wunder, kein »Du aber ...«, kein »dennoch« – nur die Härte der Wirklichkeit, die Härte des Schmerzes, der isoliert, der ausliefert in die Gegenwart, eine Gegenwart, die erinnerungs- und hoffnungslos ist.
Auch die Fragen des Schreiers in der Mitte des Psalms sind keine Vertröstung, sind eher aggressiv, klingen ironisch, provokativ: Tut Gott an den Toten, erst an den Toten Wunder? Was hilft's, wenn sie tot sind? Sie bleiben ums Leben betrogen! – Hat man schon Schatten gesehen, die Gott preisen? Preist nicht allemal das volle Leben und sonst nichts und keiner Gott?! Lohnt es sich, im Grab Gnade und im Abgrund Treue zu predigen? Wie sehen Wunder in der Finsternis aus? Wie kann Heil da sein, wo man im Land des Vergessens sitzt?
Nichts also vom »lieben« Gott, nur der Gott, von dem man sich ums Leben betrogen fühlt: »Du hast mich hinunter in die Grube gelegt, in Finsternisse, in Meerestiefen. Schwer lastet dein Grimm auf mir, alle deine Wogen gehen über mich hin.« (V. 7f.) Warum Gott die Seele verstößt, warum er sein Angesicht verbirgt, warum er zürnt, warum er schreckt – danach fragt der Beter, der Leidende, der Schreier – und kriegt keine Antwort. Und bei allem behauptet er, wie so viele im Alten Te-

stament, wie Habakuk und Jeremia, Jesaja, die Klagelieder und die Psalmen, daß es *Gott* ist, Gott selber, der schweigt, Gott, der schläft, Gott, der sein Antlitz verbirgt, Gott, der zusieht, Gott, der wie ein Fremdling ist, Gott, der verstößt, Gott, der züchtigt, Gott, der bitter enttäuscht, Gott, der verrät, Gott, der fern ist, Gott, der Israel den Räubern zur Beute gibt. – Haben wir Gott zu lieb gemacht? Wir verbinden mit »Gott« meist nur noch das Brave, Stille, Gezähmte, das ästhetische Gefühl, die religiöse Erfüllung, den letzten Sinn – und dabei ist »Gott« auch das Ende von allem Sinn, die Sinnlosigkeit, die Gottesferne, das Häßliche, das Wilde. Haben wir Gott in eine Ecke von Wirklichkeit gedrängt, in der er nicht mehr weh tut, in der er immer ist, aber harmlos, friedlich, still? Von da aus ist es nicht weit, ihn ganz zu ignorieren, ihn überhaupt nicht wahrzunehmen, über ihn, den Stillen, Lieben, Harmlosen zur Tagesordnung überzugehen. Dabei ist auch diese Kirche nicht nur der stille, liebe Ort für stille, liebe Leute. Unter dem Kanzelmikrophon ist nicht nur die Himmelskönigin mit barockgesundem Jesusknaben und um sie herum alte Kirchenväter – sondern das Kreuz, viele Kreuze in Metall, Stein und Farbe, überall, und der geräderte Georg im gotischen Fenster!

Ein Gott, der nicht mehr verschlingt, verläßt, verrät, verkauft, ist jedenfalls nicht der Gott, von dem das Alte Testament redet. Von früh an gilt, wie Hanna in 1. Sam. 2 singt, daß der Herr lebendig macht und tötet, daß er aus der Grube heraufführt und hineinstößt, daß er reich macht und arm, daß er erhöht und erniedrigt. Und das nicht immer im Zeichen von korrigierender Gerechtigkeit wie in Hannas Lied, wo er die Bogen der *Starken* zerbricht und die Schwachen mit Stärke umgürtet (1. Sam. 2,4). Auch Hiob war sich keiner Schuld bewußt, war nicht schuldig, obwohl ihn seine Freunde, seine theologischen Freunde, dazu überreden wollten. Und der Beter, der Schreier, der Ankläger hier erwägt nicht einmal, daß es Sünden sein könnten, die ihn ins Elend gestürzt haben. Er weiß nur, daß er »elend, hinsiechend von Jugend auf« (V. 16) ist – und er weiß nicht, warum. Gott antwortet nicht. Hier wird geklagt und nichts erklärt, hier wird beschrieben, wie es ist, und nichts gedeutet, nichts aufideologisiert. Hier wird ein Defizit angemeldet und kein Trost, keine Vertröstung ausgezahlt. Dabei ist das alte Testament nicht besonders grausam, wie ihm empfindsame Seelen oft nachsagen, sondern nur wirklichkeitsnah, realistisch, illusionslos. Oft wirklichkeitsnäher, als wir gern hätten; es blendet weniger ab an Gewalt, Elend und Tod als wir.

Solche Beobachtung hat nun aber Folgen für das, was wir – angesichts von Schmerz und Schrei – über Gott und über uns selbst denken. Gott als Leidmacher – und der Mensch als Schreiender – das ist das Thema unseres Psalms und darum auch das Thema unserer Predigt.

Die Behauptung, daß Gott unverstehbares Leid schafft, und die Tatsache, daß der Mensch Gott anklagt – das sind freilich keine Selbstverständlichkeiten, das gilt nicht für alle Teile und nicht für alle Zeiten der Bibel. Damit komme ich zu einem etwas mehr theologischen Mittelteil, der davon handeln soll, wie Gott mit dem Leid zusammengebracht wird. – Der Theologe Claus Westermann hat nachgezeichnet, wie der Mensch im Laufe des Alten Testaments verlernt, Gott anzuklagen. Die Klage wird in die Bitte eingeebnet. Im Neuen Testament wird Gebet nur noch als Bitte, Gebet, Fürbitte verstanden und praktiziert. Klagen kommt nicht mehr vor. Das alles freilich nicht ersatzlos. Wo der Mensch aufhört zu schreien, fängt er an, zu rechtfertigen, sich zu erklären, warum das, was eigentlich nicht sein darf, so sein muß. Wo er aufhört zu klagen, fängt er an, sich abzufinden, die Verhältnisse und *ihren* Gott zu loben. Oder er versteht Gott selbst anders. – Wie sehen die Stufen aus, die zum Zurücktreten der Anklage Gottes führen?

Ich glaube, die erste Stufe ist, daß man Gott nicht mehr als aktiv, als Angreifer versteht, sondern sagt: Er verbirgt sich, er schweigt, er ist fern; oder: er läßt das Böse zu, läßt den Bösen gewähren. Dann wird Gott Zuschauer im Himmel, ein passiver Gott, ein müder Weltkonstrukteur, den vielleicht die Weltgeschichte als Welttheater aus der Ferne unterhält. Aber wer sich Gott so vorstellt, kann ihn nicht rechtfertigen. Das Problem der Theodizee, der Rechtfertigung Gottes als Allmächtigen und All-Liebenden, der im Namen seiner Liebe von seiner Macht keinen Gebrauch macht – dies Problem stellt sich und bleibt. Darum ist ein nächster Schritt, daß aus dem Klagen ein Sündenbekenntnis einerseits, ein Gotteslob andererseits wird. Dann versteht man politische und persönliche Vernichtung als gerechtes Gericht Gottes, als gerechte Strafe für Böses, rechtfertigt Gott so und lobt ihn als den einzigen Gerechten. Aber auch solcher Gedankengang gerät immer wieder in Konflikt mit einfachster Erfahrung: Den Bösen geht es oft ja ausgesprochen gut! Und nach der Zerstörung Jerusalems klagen die Juden sich und Gott an. Sie wissen, daß sie Sünder sind, aber etwa die anderen Völker, die Sieger nicht? – Bleibt ein apokalyptischer Trost in der Hoffnung auf eine andere Welt und eine neue Zeit, die alle Fragen beantworten, alles Dunkel hell machen wird.

Und das Neue Testament? Ist das die Antwort auf die Frage nach Gott als Leidmacher und den Menschen als Schreienden?

Natürlich bekennen die Christen, daß Gott Liebe ist – Leben und Tod umgreifende Liebe, Klassen überwindende und schließlich abschaffende Liebe. Aber es wird weiter gelitten und weiter gestorben. Für die, die lieben, mag es sinnvolles Leiden und selbst sinnvolles Sterben geben, als letzte Konsequenz der Liebe. Aber es bleibt genug sinnloses Leiden, Dahinsiechen, Sich-Quälen und Gequält-Werden, das religiös überhaupt nicht erklärt oder motiviert werden kann, dem man zu viel Ehre antäte, wenn man ihm Sinn zuspräche, das man verharmloste, wenn man es täte. Wer sich mit solchem Leid nicht abfindet, muß weiter klagen und schreien wie im Psalm 88 und mit dem Wissen, daß dadurch nichts religiös überhöht oder verklärt ist.

Natürlich bekennen die Christen, daß Gott Liebe ist, Herr über Leben und Tod – und das ist ihr ganzer Trost angesichts einer lieblosen Welt und dem Heraufkommen wölfischer Natur in ihnen selbst – im Märtyrerkalender für den 27. Oktober steht Michael Servet, der heute vor 421 Jahren als Ketzer in Genf verbrannt wurde – aber wer sagt, daß Gott Liebe ist, ohne die Verirrungen der Christen und erst recht ohne den

Schrei der Gottverlassenheit Jesu am Kreuz zu erwähnen, lügt, zähmt den und das, was in der Bibel »Gott« heißt. Jesu Tod und sein Geschrei sind im ewigen Leben Gottes selbst! Gott teilt nicht nur Verlassenheit, Tod, Qual aus. Gott tut nicht nur das, was wir ihm nicht zutrauen, und ohne daß wir wüßten, warum. Gott erfährt Leid, Sterben, Hölle. Der Leidmacher ist der Leidende. Das ist ein neuer Schritt, der Gott näher mit Leiden und Schreien zusammenbringt als alles andere zuvor. Aber ist damit das Leiden wirklich erklärt?

Natürlich hoffen die Christen darauf, daß Gott alle Tränen abwischen, unter uns wohnen wird und daß kein Leid, kein Geschrei, kein Schmerz mehr sein werden (Apok. 21,3 f.). Das ist unsere Perspektive, unsere Aussicht, aber sie kann und soll das Elend nicht vertuschen und nicht übertünchen. Ich glaube, sie macht es gerade um so bewußter, hält Wunden offen, weil sie weiß: Es kann anders werden. Weil sie sich nicht abfinden läßt mit schlechter Wirklichkeit.

Was zeigt sich, um es zusammenzubringen, im Durchgang durch die Bibel, bei der Frage nach Gott als Leidmacher? Daß Juden und Christen, wenn sie leiden und sterben, Gott nicht aus dem Spiel lassen, daß sie Gott schließlich selbst – nicht nur aktiv, sondern passiv, selber leidend – darin erkennen. Und daß sie keine endgültige Lösung haben – weder eine theologische, noch eine seelsorgerliche. *Darum* gibt es soviel Theologie und soviel Traktatliteratur. Theologie ist eine unendliche Wissenschaft, weil sie mit ihren Fragen und ihren Antworten nicht zurecht und nicht zuende kommt. Das ist ihre Stärke und ihre Schwäche. Indem sie den Schmerz verstehen will, kann sie ihn nicht unterdrücken. Und jeder neue Schmerz schreit nach neuen Tröstern und Theologen. Und sie kommen, gute und schlechte. Der Schrei ist der Anfang aller Theologie – und insofern der Heilige Geist uns wortlos stöhnen und unaussprechlich seufzen hilft (Röm. 8), ist er der erste Theologe. Erst wenn Gott alle Tränen abgewischt hat, ist alle erklärende Theologie vorbei. Theologie und Seelsorge, wie wir sie kennen, geschehen zwischen dem Schrei und dem Lachen der Freude.

Zum Schluß, wie angekündigt, ein paar Bemerkungen über den Menschen als Schreienden – Bemerkungen, die natürlich nicht doch noch pfäffische Nutzanwendung des sinnlosen Leids, von dem wir in Psalm 88 hören, sein sollen. Ich glaube, daß wir im Zusammenhang mit den Klagepsalmen nicht nur über Gott, sondern auch über den Menschen als Schreienden nachdenken müssen, weil es sich keineswegs von selbst versteht, daß der Mensch überhaupt klagt und schreit – weder vor Gott, noch vor irgendeiner anderen Instanz. Dabei meine ich, daß Schreien und die Erfahrung von nicht abgedrängtem Schmerz zum Elementaren, zu den Wurzeln menschlicher Erfahrung und menschlichen Ausdrucks gehören. Dann führt der Psalm zurück in die Frühe menschlichen Lebens und kann klarmachen, daß Klagen, die Anklage Gottes, das Einklagen des Lebens eine der Wurzeln unserer Religion ist. Und Jesus, aus der Wurzel Jesse, kam – nach allem Theologentrost und allen Frömmigkeitsantworten – zu dieser Wurzel zurück, als er am Kreuz häßlich und unartikuliert, schmerzvoll und elend schrie.

Ich sagte: Der Psalm führt in die Frühe menschlicher Erfahrung und menschlichen Ausdrucks zurück – wir aber, in einer Spätkultur, filtern und sortieren unsere Gefühle, nehmen uns zusammen, unterdrücken alle starken Emotionen, spielen es »cool«. Für viele ist es z. B. schon so gut wie selbstverständlich, Schmerzen aller Art – und schon die geringsten – mit Medikamenten zu betäuben, abzutöten. Natürlich gibt es sinnvolle und notwendige Anwendung von schmerzstillenden Mitteln, aber wo solches Bedürfnis zur Sucht wird, stimmt man nur dumpf der allgemeinen Verhaltensregel unserer Gesellschaft zu, nach der ein Mensch, ein erwachsener Mensch jedenfalls, nicht weinen darf, nicht schreien soll – und betrügt sich um die ganze Bandbreite menschlicher Erfahrung, um die Höhen und Tiefen menschlichen Lebens. Denn die Fähigkeit, Schmerzen zu ertragen, und die Fähigkeit, zu lieben und sich lieben zu lassen, hängen eng miteinander zusammen.

Jesus in unserem Jahrhundert, Jesus, der über Jerusalem geweint hat, hätte als Memme gegolten. Man weint nicht, und ein

Mann weint erst recht nicht. Auswegloses Leid heute treibt eher in die Stummheit, in die Apathie, die Resignation, in die Anpassung an die Verhältnisse, die nicht so sind. Auswegloses Leid im Psalm ist Protest, Schrei, Widerspruch, Ironie, Provokation. Das Klagen ist das letzte Zeichen eines Auswegs, der erste Schritt der Befreiung aus der Sprachlosigkeit und der Ohnmacht. Wenn wir den Psalm ernst nehmen, müssen wir nicht so sehr trösten lernen, sondern das Klagen. Müssen wir nicht, auf Teufel komm raus, Sinn ins Sinnlose hineininterpretieren, sondern Schmerz und Sinnlosigkeit herausschreien. Müssen wir den, der schreit, nicht mit allen Mitteln zur Ruhe bringen, so lange streicheln, bis er nur noch leise wimmern und dann nichts mehr sagen, nicht mehr klagen kann, sondern müssen wir ihm Mut machen zum Schreien, ihm zuhören, vielleicht sogar mitschreien. – Der Wirklichkeitssinn, der sich auch darin äußert, daß man versucht, zu ändern, besser zu machen, was zu ändern ist – das ist das eine. Der Schrei der Klage, die Bestandsaufnahme ist ein anderes und das erste.

Mir selbst ist die Bedeutung des Schreiens und Klagens deutlicher geworden als je zuvor, als ich in diesem Sommer an der kalifornischen Küste in einer Gruppe dabei war, die eine Art von Schreitherapie praktizierte. Ich habe erlebt, wie jahrelange Muskelspannungen durch Schreien gelöst wurden, wie Emotionen, die zurückgehalten wurden, ausbrachen, wie plötzlich Blockierungen aufhörten, wie sich Leute heiser schrien, weil sie zwanzig Jahre nicht geschrien hatten. Ich habe erlebt, bei mir und bei anderen, wie wir unsere Schmerzen, alte verdrängte und neue gegenwärtige, durchlebt und bearbeitet haben, wie uns das, was uns Schmerzen macht – schreiendes Unrecht, Ignoranz, Dummheit, Kommunikationsabbruch – wie uns all das leiden und schreien macht. Und ich und die anderen haben die Kraft erfahren, die im Schreien steckt. Schreien ist die erste, sprachliche Form von Widerstand, Zeichen der Stärke des Widerspruchs, eine Stärke, die neues Leben ermöglicht.

Angesichts solcher Methoden, angesichts solchen Schreistils, aber erst recht angesichts der biblischen Schreier sollten uns unsere mitteleuropäischen Trauerbräuche, unsere »Bewältigung« des Schmerzes verdächtig werden. Wir schlucken Tabletten, wir trösten, streicheln, besänftigen, verbieten durch Tränentrocknen und gutes Zureden schließlich und freundlichst das laute Klagen, das Schreien ganz. Mittlere Temperamente wollen unausgedrückten, nicht herausgeschrienen Schmerz am ehesten noch still und mitleidig teilen – Südländer, Kinder, Neo-Reichianer und nicht zuletzt die Bibel wollen den Schmerz zusammen ausdrücken, herausdrücken. Für sie ist Schreien so ansteckend wie Lachen, Schmerz so leibhaft und leibhaftig teilbar wie Freude! Mit wem sind wir bereit, Leid und Schmerz wirklich, real zu teilen? Und wann werden wir auch aufhören, mit anderen zu lachen? In New York habe ich Hunderte von Leuten gesehen, die auch allein, einsam, isoliert, verkrampft vor sich hinlachten, in die Zusammenhanglosigkeit von Untergrundbahnen, Parks und Beton hinein.

Was kann der Psalm 88, der von Gott als Leidmacher und vom Menschen als Schreiendem handelt, für uns bedeuten? Ich meine, er ermutigt uns, den Mund aufzumachen, aber nichts runterzuschlucken, bevor wir erklären, zu klagen, und bevor wir deuten, zu beschreiben, was ist. Er ermuntert uns zur Offenheit und Ehrlichkeit, den eigenen Gefühlen und unseren Erfahrungen gegenüber, unseren Erfahrungen mit Gott, der Welt und uns selbst. Ich meine, der Psalm ermahnt uns, nicht zu vieles zu erklären, wegzuerklären, zu verklären – und doch nur unklar zu machen. Wenn wir das beherzigen, bleiben wir in der Nähe Gottes, der uns nicht verläßt, und der Macht hat über Leben und Tod.

Erika Reichle 3. November 1974

Psalm 126:

Wenn der Herr die Gefangenen Zions erlösen wird, so werden wir sein wie die Träumenden.
Dann wird unser Mund voll Lachens und unsre Zunge voll Rühmens sein. Da wird man sagen unter den Heiden: Der Herr hat Großes an ihnen getan!
Der Herr hat Großes an uns getan; des sind wir fröhlich.
Herr, bringe wieder unsre Gefangenen, wie du die Bäche wiederbringst im Mittagslande.
Die mit Tränen säen, werden mit Freuden ernten.
Sie gehen hin und weinen und tragen edlen Samen und kommen mit Freuden und bringen ihre Garben.

Dieser Psalm beginnt mit einem Wortspiel, dessen Sinn so weit ist, daß die Übersetzer ihr Verständnis von dem, was Glaube sei, hineinlegen konnten und mußten, um anzudeuten, was der Psalmist wohl sagen wollte.

> »Als Gott eine Wende für Zion wandte,
> waren wir wie Träumende« –

Gott »wandte eine Wende«, er schuf eine neue Lage, er gab uns neue Kraft. – Untrennbar voneinander sind hier die Veränderungen im Drinnen und Draußen, im Volk und seinen Gliedern wie in der Situation, in der sie sich vorfinden. Die Zürcher Bibel nennt diese Situation »Geschick« – und markiert damit das Endgültige, das ihr anzuhaften scheint. »Geschick« erinnert *uns* allerdings auch an etwas »Gesandtes«, etwas »Verhängtes«, das man nur hinnehmen kann – Ausdruck einer passiven Existenz. Diese Passivität aber scheint es gerade zu sein, die der Psalmist fürchtet wie den Tod; die Übersetzung paraphrasiert seine Bitte daher auch als Bitte um Leben und Stärke: »Wende, o Herr, unser Geschick, wie du in der Negev versiegte Bäche wiederbringst«.

Der Beter des Psalms blickt zurück auf die Geschichte seines Volkes seit der Landnahme und versteht sie als eine fast zyklische Abfolge solcher Wendungen: Zuwendung Gottes, Abwendung des Volkes, Knechtschaft, Buße, plötzliche Wendung zu einem neuen Aufbruch in eine zuvor undenkbare Richtung. – Die Geschichtsschreiber Israels verstehen diesen Wechsel von Stagnation und Aufbruch soteriologisch: die Stagnation ist das Ergebnis von Sünde, von Abwendung und sich selbst Verschließen – das neue Leben ist Leben aus der Vergebung. Der Psalmist denkt ontologisch: Volk und Mensch enden immer wieder in einer Sackgasse – nicht durch Schuld und nicht durch die Umstände – jedenfalls durch beide nicht allein, sondern prinzipiell, mit der Logik, die dem endlichen Wesen eigen ist. Aus solchen Sackgassen befreit zu werden, ist Gnade, unverfügbar und lebensnotwendig zugleich. Die Möglichkeit aber, solche Sackgassen zu sehen, anzuerkennen in ihrer eigenen Logik, und sich auszustrecken nach der Befreiung, ist vorlaufende Gnade, ist Glaube.

Die ganze Geschichte Israels besteht aus solchen Befreiungen, so daß es kaum möglich ist festzustellen, wann dieser Psalm zum erstenmal gesungen wurde. Als er vor 2200 Jahren ins Griechische übersetzt wurde, nahm man an, daß er ein Lied der Gemeinde sei, die aus dem Exil in Babylon heimkehrte nach Jerusalem. Deswegen übersetzte man: »Als der Herr die Gefangenschaft Zions wandte, waren wir wie Träumende, unser Mund war voll Lachen und unsere Zunge voll Jubel.«

Diese Heimkehr der Israeliten nach Palästina war mehr als die Wiedergewinnung politischer Selbständigkeit und Einigkeit auf dem Territorium der Vorfahren. Es war »wie ein Traum« – weil es die Wiederbringung der verlorenen Identität war. Und mit dem Volk als Ganzem gewann jedes einzelne Mitglied die

Möglichkeit zurück, um einen Zentralpunkt gemeinsamer Existenz sich selbst zu reorganisieren als Bild und als Wirklichkeit, im Entwurf und in den Anstrengungen zu seiner Realisation.
Als Gott das Volk zurückführte in das Land, das er Abraham und Moses verheißen hatte, stellte er sein Selbstverständnis wieder her als Volk der Verheißung, Volk des Bundes, auserwähltes Volk. Und Gott erneuerte den Auftrag dieses Volkes, mit ihm und vor ihm zu leben als »heiliges Volk«, als Priestervolk, das stellvertretend und zeichenhaft eine Gemeinschaft aufbaute, die dem Willen Gottes entsprach: eine Gemeinschaft, in der die Schwachen nicht noch mehr erniedrigt, sondern geschützt sein sollten; eine Gemeinschaft, in der sich die Fremdlinge, die Ausländer ihres Lebens freuen konnten; eine Gemeinschaft, deren Fundamente Gerechtigkeit und Barmherzigkeit sein sollten.
Warum dann aber die Bitte im vierten Vers?

»Bewirke noch einmal eine Wende für uns, Herr!«

Noch einmal soll Gott in der Geschichte seines Volkes handeln, Leben hervorrufen, einen neuen Zustand schaffen, wie er Bäche in der Negev schaffen kann, die die Wüste in Fruchtland verwandeln. Zweierlei kann die Bitte bedeuten:
Vielleicht sieht der Beter die Gefahr, daß das heimgekehrte Volk Gottes Gabe und Aufgabe falsch versteht: daß es ein Priestervolk wird, das sich abkapselt von allen anderen Völkern, das seine Erwählung als exklusives Eigentum betrachtet, das immer neue Formen der Sicherung dieser Erwählung erfindet und sich so immer weiter entfernt von dem Gott des Lebens der Welt.
Oder die Bitte enthält eine Enttäuschung: Gott hat zwar den Rest Israels zurückgeführt nach Jerusalem, aber die anderen Verheißungen stehen noch aus, Verheißungen, wie sie im Jesajabuch aufgezeichnet sind: die weltweite Erscheinung der Herrlichkeit Gottes, die Verwandlung der Welt. Immer wieder spricht der Prophet davon:

»Hört auf mich, ihr fremden Völker,
horcht auf mich, ihr Nationen!

Denn von mir geht Weisung aus,
und meine Wahrheit soll das Licht der Völker werden.
In Bälde lasse ich mein Heil erscheinen,
wird mein Arm den Völkern helfen.
Auf mich sollen alle Lande hoffen,
auf meinen Arm sie harren.«

Auch hierauf hoffte Israel im Exil. Dieses »Licht der Völker« ist einmal hell aufgeleuchtet in Jesus von Nazareth – einmal und ein für allemal, aber auch hier nicht endgültig. Auch wir als die Erben Israels warten noch auf die Vollendung der Dinge, auf den neuen Himmel und die neue Erde, auf die Hütte Gottes unter den Menschen. – Deshalb übersetzt Luther:

»Wenn der Herr die Gefangenen Zions erlösen wird,
so werden wir sein wie die Träumenden.«

Dieser Vers steht in der Hauptkirche der Bodelschwinghschen Anstalten in Bethel über dem Altarraum – und direkt davor sitzen die Epileptiker und Geistesschwachen des Ortes, Jugendliche und Erwachsene. Sie sind für mich der Prototyp der »Gefangenen Zions« – das Urbild derer, die am Rand und im Schatten stehen.

Wenn wir mit Jesus auf das Reich Gottes zugehen wollen, dann müssen wir auch auf diese Randgruppen unserer Gesellschaft zugehen: auf die Blöden, die Armen, die Süchtigen, die Nutzlosen und die Hilflosen; auf die, die mit viel Mühe und gutem Willen vielleicht wieder zu lebendigen Gliedern der Gesellschaft gemacht werden können, und die, bei denen alle Mühe umsonst ist.

Wenn wir uns diesen Gruppen zuwenden, werden wir zweierlei erfahren: zum einen den Widerstand des Systems, in dem wir leben. Es erweist sich als ein System, in dem die keine Stimme haben, die noch nicht oder nicht mehr an dem Wettlauf um Leistung und Genuß teilnehmen können. Es ist ein System, gegen das wir alle bewußt oder unbewußt rebellieren, da sein Grundsatz dem Grundbedürfnis des Menschen widerstreitet. Dieses Grundbedürfnis ist, daß man um seiner selbst willen, ohne

Verdienst, und nicht nur als Mittel, angenommen werde. Es ist dies ein Bedüfnis, das nur Gott erfüllen kann. Unser Zeugnis für dieses Grundbedürfnis ist der Schutz und die Liebe, die wir denen geben, die nichts vorzuweisen haben.

Wenn wir für diese Ausgebürgerten unserer Gesellschaft eintreten, werden wir zum anderen schnell merken, wie sehr wir selbst schon Gefangene dieses »Systems« sind. Wir werden seinen Widerstand in uns selber erfahren: als Vorurteil, Apathie, Zorn und Ekel.

Nur wenn es uns gelingt, diesen Widerstand in uns selbst auszurotten, können wir unseren Kampf erfolgreich führen. Und erst, wenn wir *diesen* Kampf aufgenommen haben, können wir *die* Völker verstehen und unterstützen, die sich noch heute trotz politischer Unabhängigkeit als »Verdammte dieser Erde« fühlen. – Die sogenannte »Dritte Welt« will uns nicht als Mitkämpfer auf ihrem Territorium – sie will unseren Kampf gegen die Unmenschlichkeit in unserem eigenen Herzen und in unserem eigenen Land, damit durch unsere Befreiung ihre Befreiung näherrückt.

Auch unser Psalm spricht von der Härte dieses Kampfes und von seiner Verheißung:

»Die mit Tränen säen, werden mit Freuden ernten.«

Der Psalmist denkt dabei sicher nicht an die Tränen stiller Ergebung in ein Schicksal, das man mit etwas mehr Mut hätte ändern können. Die Bibel ist nicht verliebt in das Leiden – sehr im Unterschied zu vielen Christen und vor allem vielen Christinnen. Die Bibel konstatiert, daß Leiden unaufhebbar zum Leben hinzugehört – als Bedingung seiner Endlichkeit, die nur Gott aufheben kann und auch einmal aufheben wird. – Warum also dann die Tränen derer, die an der Zukunft Gottes mitarbeiten?

Es sind Tränen der Furcht und des Schmerzes, geweint in der Verfolgung – denn wer an der Zukunft Gottes mitarbeitet, arbeitet zumeist gegen die Zukunft der »Welt«, die sich wohl zu wehren weiß.

Es sind Tränen des Zweifels und der Gewissensnot, denn wer an der Zukunft Gottes mitarbeitet, ist oft abgeschnitten von der Mehrheit der Kirche.
Es sind Tränen der Enttäuschung, denn das meiste, was wir tun können, ist nur bescheidenstes Stückwerk, elender Kompromiß mit der Wirklichkeit.
Und deswegen sind es schließlich auch Tränen der Angst – Angst vor der Doppelgesichtigkeit des Resultats all unserer Bemühungen. Wie oft meinen wir, wir hätten Weizen gesät, und dann sehen wir Dornen und Disteln aufgehen.
Trotzdem will Gott uns als Mitarbeiter an seiner Zukunft. Der Glaube, daß es *Gottes* Zukunft ist, bewahrt uns vor der Angst und vor Resignation. Und so bitten wir, daß auch von uns gelten möge: »Man kommt heim, kommt mit Jubel und trägt seine Garben.«

Traugott Stählin

10. November 1974

In einem Brief an seine Freunde schreibt ein ostpreußischer Schriftsteller: »In allem Wandelbaren blieb doch etwas, was uns niemals verließ. Das für lange Zeit in den Hintergrund trat, wie eine treue Kinderfrau vor einem lärmenden Besuch in den Hintergrund tritt, aber doch gleich wieder an unserer Seite stand, wenn das Herz uns war voll Klage oder Spott. An einem einsamen Abend in unserem rastlosen Leben oder inmitten der Rotte, wenn alles Edle unter ihren Händen zerrieben war wie Staub in einem zerbrochenen Haus. Da stand es zu unserer rechten Hand, als wäre es niemals fortgewesen: ein biblisches Wort, ein Gesangbuchvers oder der Anfang eines Psalms aus dem ersten Zimmer der Kinderzeit. Und so erfüllt von Leuchten und Helligkeit, war es so unwidersprechlich in seinem Ernst und seiner Größe, aber auch in seiner tröstenden Gewißheit, wie es eben nur die Dinge sind, wenn sie zum erstenmal in unser kindliches Leben eintreten und dort eingegraben werden bis zur Todesstunde.«
Vielleicht ist auch manchem von Ihnen, als ich diese Worte vorlas, solch ein Satz aus frühen Jahren, vielleicht aus sehr frühen Jahren, in den Sinn gekommen. Ein Wort aus der Bibel oder aus dem Gesangbuch, vielleicht auch der Anfang eines Psalms. Wie der Anfang des 126. Psalms:

»Wenn der Herr die Gefangenen Zions erlösen wird,
so werden wir sein wie die Träumenden.«

Vor Gefängnistoren, manchmal auch auf Flughäfen oder auf Bahnhöfen kann man den Menschen so menschlich erleben wie selten. Vor Gefängnistoren in Athen oder auf Bahnhöfen wie in Friedland oder Berlin-Friedrichstraße. Denn dort begegnen sich Menschen, die in Gefangenschaft waren und wieder in die Freiheit gelangt sind. Dort begegnen sich Menschen, die getrennt waren und wieder zusammengekommen sind. Und jeder von uns weiß, wie es dann auf Bahnhöfen sein kann, wenn man unter Tränen lacht.

Dann werden wir Menschen eigenartig menschlich. Dann wird wieder einmal für kurze Zeit das Große groß und das Kleine klein. Und in solchen Augenblicken, vielleicht auch in dieser Stadt, wird man unter Tränen wie ein Träumender.

Unter Tränen träumen, das haben die Menschen immer wieder getan. Und wenn einmal eine Zeit kommt, wo die Menschen nicht mehr weinen und nicht mehr träumen können, dann wird es schlecht um sie bestellt sein. Weil Gott nicht will, daß wir nicht mehr unter Tränen lachen können, hat er Menschen Gedanken wie die im 126. Psalm schreiben lassen. Dieser Psalm liegt der Predigt zugrunde:

Wenn der Herr die Gefangenen Zions erlösen wird, so werden wir sein wie die Träumenden.
Dann wird unser Mund voll Lachens und unsre Zunge voll Rühmens sein.
Da wird man sagen unter den Völkern: Der Herr hat Großes an ihnen getan.
Der Herr hat Großes an uns getan; des sind wir fröhlich.
Herr, bringe wieder unsre Gefangenen, wie du die Bäche wiederbringst im Südland (in der Wüste).
Die mit Tränen säen, werden mit Freuden ernten.
Sie gehen hin und weinen und streuen ihren Samen und kommen mit Freuden und bringen ihre Garben.

Der Psalm besteht aus zwei Teilen. Im ersten wird mehr wie in Prosa gesprochen von der Gefangenschaft und von den Träumenden, die von Gott befreit werden. Im zweiten Teil wird ganz wie in der Dichtung gesprochen. Vielleicht sind es mit die schönsten Worte im Alten Testament: Die mit Tränen säen, werden mit Freuden ernten. Die Tränen, von denen in diesem Psalm gesprochen wird, sind nicht die Tränen all derer, die weinen aus Trotz oder Unmut oder kleinlicher Enttäuschung. Es heißt hier ja auch nicht: nach jedem Dezember folgt wieder ein Mai. Es heißt auch nicht, wie es ein altes deutsches Sprichwort sagt: Man soll bei der Aussaat nicht lachen, sonst muß man bei der Ernte weinen.

Darum geht es nicht. Die hier weinen, das sind solche, die in Gefangenschaft sind und mit großer Sehnsucht an Freiheit denken. Deshalb heißt es hier: »Wenn der Herr die Gefangenen Zions erlösen wird« und »bringe zurück unsere Gefangenen«.

Alle, die weinen, weil sie leiden müssen, und alle, die sich nach Freiheit sehnen, das sind die Menschen, die zu Zion gehören können. Zion ist nicht nur ein Volk vor zwei- oder dreitausend Jahren, Zion: das sind alle, die weinen und Sehnsucht haben. Alle, die sich nach Freiheit sehnen, so daß die Hoffnung auf unserer Welt nicht zu Ende geht. Die Tränen Zions: das sind die Tränen der einsamen Mütter und der verlassenen Kinder. Das sind die Tränen der Familien, in denen drei verschiedene Namen getragen werden, Tränen derer, die immer zu kurz kommen. Tränen und Depressionen unserer Kommilitonen, deren Nerven und Lebenskraft dem Leistungsdruck nicht standhält und bei denen in Examenswochen weniger das Wissen als die Verzweiflung wächst. Es sind aber auch die Depressionen von Dozenten, denen die Grenzen wissenschaftlicher Erkenntnis und die Grenzen eigener Leistungsmöglichkeit zur unüberwindbaren Gefängnismauer des Lebens zu werden drohen. Sie werden sein wie die Träumenden. Tränen und Schreie, unvorstellbare in jedem Jahrhundert, von Verfolgten und Gefolterten, von Kindern in Auschwitz, in Dresden, in Saigon, Tränen derer, die in Einsamkeit Gottes Wort verbreiten, oft verzweifelt über die Kleinkariertheit der Menschen und die Schwäche des eigenen Herzens. Sie werden sein wie die Träumenden. Noch ist unser Mund nicht voll Lachens, noch nicht voll Rühmens, aber wir hoffen und wissen, daß nicht alle Träume in Resignation und nicht alle Tränen in blindem Schmerz zu enden brauchen.

Es kann sein, daß unter Ihnen einige sind, die sich fragen, ob die Worte Tränen und Träume, die ich von diesem Psalm 126 aufgenommen habe, nicht gewissermaßen zu schön oder sogar zu harmlos sind, um Gewalt und Elend der gegenwärtigen Welt zu begegnen. Sie hätten recht, wenn es sich hier nur um die Tagträume poetisch angehauchter, das Leiden ästhetisierender Christen handelte. Aber es geht nicht um Tagträume, sondern um Tatträume. Um Tatträume, die die Schreie der Gefangenen hören und etwa in der Arbeit von »amnesty international« Konsequenzen der Tat in ihrem eigenen Leben folgen lassen. Um Tatträume, die oft wider alle Hoffnung eine lebenswerte Zukunft für die Menschen entwerfen, in zäher Energie im Blick auf den Hunger in der Welt, in konkreter Phantasie gegen die Betoneinöden zu schnell entworfener und hochgezogener Stadtteile. Solche Tatträume, die der 126. Psalm auch heute in uns wecken will, schläfern uns ja nicht ein, sondern halten uns wach für Veränderung.

Die verhaltene und gleichzeitig leidenschaftliche Sprache dieses Psalms wird – davon bin ich überzeugt – mehr Mut entfachen und Veränderung bewirken können, als wenn wir uns in marktschreierischer Sprache in Klage und Anklage über die unübersehbar wachsenden Gefahren unserer Zeit in die Schar der gehetzten Mitläufer und lautstarken Mitrufer der Kassandra einreihen. Ist nicht die Sprache dieses Psalms und die Hoffnung unter Tränen, die sie prägt und die sie in uns wecken will, eine wirksamere Waffe als große Entschließungen und Parteiprogramme, so notwendig sie auch sein mögen? Eine Waffe gegen das Esperanto des Grauens, das von den Folterknechten und Funktionären der Gewaltherrschaft und der Manipulation in immer mehr Ländern immer besser verstanden, nein: grauenvoll praktiziert wird.

Die Tränen derer, die mit Freuden ernten werden, gelten den Träumen, die wir verraten haben: die Träume und Tränen Jesu von Nazareth, die Träume von 1517, als Martin Luther versuchte, die Kirche wachzurütteln, die Tränen und Träume von 1789, als Menschen in Frankreich versuchten, die Gesellschaft gerechter und freier zu machen, von 1917 – ja auch da, in der marxistischen Revolution in Rußland, gab es Träume im Sinne Gottes, die Tränen vom 20. Juli 1944, die Träume Gandhis und Martin Luther Kings.

Das ist Wirkung Jesu in unserer Zeit, daß die Träume, die auf Gott vertrauen, und die Tränen, die aus Sehnsucht nach Freiheit sich auf Gott richten, nicht in Asche und Schutt der KZ's, der zerstörten Städte, der ausgehöhlten Traditionen, der enttäuschten Freundschaften, der verratenen Liebe versinken.

Der Mensch bleibt Mensch, solange er träumen und weinen kann wie der Mann, der den 126. Psalm schrieb. So lange ist unser Leben nicht sinnlos: das Leben aller, die hier in dieser Kirche sind, und das Leben in unserer ganzen Gesellschaft, die so zerrissen ist und so sehr die Träume braucht, die die Wirklichkeit treffen und verändern, weil sie auf die Möglichkeiten und die Macht Gottes hoffen.

Der Herr *hat* Großes an uns getan, des sind wir fröhlich. Er hat mit uns geträumt, mit uns geweint. Deshalb sind diese Träume der Befreiung und Tränen der Hoffnung nicht Wahnsinn und Selbstbetrug.

Das macht diesen Psalm wie zu einem neutestamentlichen Psalm: er bezeugt, daß Gott die Träume, die sich auf ihn richten, Wirklichkeit werden läßt. Gott leidet mit denen, die weinen aus Sehnsucht nach Freiheit. Er erhebt sich nicht über die Träume der Menschen und über die Tränen, die auch hier unter uns vergossen werden. Denn das ist Menschsein im Sinne Gottes: von Freiheit träumen und gegen die Vergewaltigung des Menschen durch den Menschen kämpfen ohne zu resignieren, über sich selbst weinen und Hoffnung säen.

Wir kurzatmigen, ängstlich träumenden und unmutig weinenden Menschen sollen den langen Atem der Träume und Tränen Jesu bekommen, Träume, die sich nicht abweisen lassen und darauf vertrauen, daß Gott diese Welt liebt, Tränen, die nicht blind und trocken werden.

Wenn der Herr die Gefangenen Zions erlösen wird, so werden wir sein wie die Träumenden.
Mit anderen Worten, den Worten eines Schriftstellers unserer Zeit, gesagt und bekannt:

Gott nahm unsern Herzen das Licht
und gebot uns gnädig die Treue.
Morgen ist wieder ein Tag,
dann sind die Dornen erblüht.

Hermann Josef Vogt

Ökumenischer Gottesdienst
17. November 1974

Psalm 8:

Was ist der Mensch?

2 Herr, unser Herrscher,
wie gewaltig ist dein Name auf der ganzen Erde;
deine Hoheit hast du über den Himmel gebreitet.

3 Aus dem Mund der Kinder und Säuglinge schaffst du dir Lob deinen Gegnern zum Trotz;
Feind und Widersacher müssen verstummen.

4 Seh ich den Himmel, das Werk deiner Finger,
Mond und Sterne, die du befestigst:

5 Was ist der Mensch, daß du an ihn denkst,
des Menschen Kind, daß du seiner dich annimmst?

6 Du hast ihn nur wenig geringer gemacht als Gott,
mit Herrlichkeit und Ehre ihn gekrönt.

7 Du hast ihn zum Herrscher gesetzt über das Werk deiner Hände,
hast ihm alles zu Füßen gelegt:

8 all die Schafe, Ziegen und Rinder
und auch die Tiere des Feldes,

9 die Vögel des Himmels und die Fische im Meer,
was alles die Pfade der Meere dahinzieht.

10 Herr, unser Herrscher,
wie gewaltig ist dein Name auf der ganzen Erde.

I. Nicht erst unsere Zeit, welche die Wende zum Menschen hinter sich hat, nicht nur die Griechen, die unsere Wissenschaft begründeten, sondern auch die ganz vom Willen Gottes bestimmten Menschen des Alten Bundes fragten und mußten fragen: Wer oder was ist der Mensch? Auf diese Frage gibt der Schöpfungsbericht am Anfang des 1. Buches Mose Antwort. Auf diese Frage gibt Antwort der Psalm 8, den wir eben gehört haben. Dieser Psalm sagt, was der Mensch ist, indem er über den Menschen und über Gott etwas sagt. Der Psalmist kann nicht über den Menschen etwas sagen, ohne über Gott etwas zu sagen.

Der Psalmist sagt nicht einfach über den Menschen, er sei von Gott geschaffen, und Gott habe ihm das gegeben, was er hat, sondern dieser Psalmist umfaßt in einem großen Blick alles Sein, und er zieht die Scheidungslinie, die Grenze im Sein, nicht etwa zwischen Gott einerseits und seiner ganzen Schöpfung andererseits, sondern er bringt die Unterscheidung an zwischen Gott und dem Menschen einerseits und allem übrigen andererseits. Der Mensch steht für den Psalmisten so nahe bei Gott, daß er von allem, was sonst noch existiert, wesentlich unterschieden ist. Der Mensch ist für den Psalmisten nicht ein Lebewesen unter anderen, sondern der Mensch ist ähnlich wie Gott, er ist Herr. Der Mensch ist nicht ein Ding oder eine Sache, sondern der Mensch ist Person, ist Ich, ist Selbstentscheidung, so wie dieser Gott. Der Mensch ist für diesen Psalmisten niemals Mittel, sondern Ziel. Und das sagt der Psalmist nicht etwa von hervorragenden Menschen, von Genies, von Mächtigen, sondern vom Menschen schlechthin, vom Menschenkind, wie er sich ausdrückt. Das bedeutet, daß alle Menschen, auch die Kleinen, auch die Unbedeutenden, auch die Kinder, niemals Sache, niemals Mittel, sondern immer Person und Ziel sind.

Und das sagt der Psalmist nicht im Sinne einer einfachen Zustandsbeschreibung, nicht im Sinne einer Definition, die immer gültig wäre, an der nicht gerüttelt werden könnte, die niemals in Gefahr geriete, sondern er sagt dies geradezu beschwörend, er sagt es, damit es so sei, weil diese Stellung des Menschen zugleich doch gefährdet ist. Was im Buche Genesis dem Menschen als Auftrag gegeben ist, nämlich sich diese Welt untertan zu machen, das sagt der Psalmist hier als Ergebnis seiner Erfahrung. Der Mensch ist Herr der Welt, und deswegen kann der Psalmist Gott loben. Das bedeutet: Wo der Mensch nicht für die Erfahrung feststellbar auf der Seite Gottes stünde, wo der Mensch nicht als Ich, als Ziel anerkannt würde, wo er nur eine Sache wäre, nur ein Mittel zum Zweck, dort könnte Gott nicht gelobt werden; dort könnte Gott nicht erkannt werden als der, der er ist, nämlich als der Gott, der den Menschen nahe bei sich hingestellt hat. Wer also den Menschen zur Sache macht, zum Mittel degradiert, der ist nicht nur ein Feind dieses Menschen, sondern ein Feind Gottes. Er läßt nicht nur den Menschen nicht Mensch sein, sondern er läßt diesen Gott nicht Gott sein, und dabei macht es wenig Unterschied, ob jemand andere Menschen dadurch in sein Kalkül einbezieht, daß er sie zwingt, weil er über sie herrschen kann, oder dadurch, daß er sie verführt, sie überlistet, sie vielleicht bei ihren Idealen packt, und das Letzte an Opferbereitschaft, was in ihnen steckt, herausholt. Jeder, der einen Menschen zur Sache macht, versündigt sich an diesem Menschen und an diesem Gott, auch wenn einer sich selber zur bloßen Sache, zum bloßen Mittel zur Erreichung bestimmter Ziele degradieren würde.

So ist dieser entscheidende Satz im Psalm 8 in Verbindung mit dem Schöpfungsauftrag, d. h. mit dem Auftrag, diese Welt weiterzuschaffen, so wie der Schöpfer sie begonnen hat, eine Ermächtigung, eine Beauftragung dazu, die Zustände dieser Welt, wo sie gegen die Personhaftigkeit des Menschen ausschlagen, zu ändern, immer weiter zu verbessern. Durch diesen Psalm sind wir nicht nur berechtigt, sondern beauftragt, höher zu streben, höher kommen zu wollen, die Welt mit all ihren Problemen zu beherrschen, unsere Lage zu verbessern, und zwar jeder für sich und die ganze Menschheit insgesamt.

II. Der Vers: »Du hast den Menschen wenig unter Gott gestellt«, findet im Neuen Testament im Hebräerbrief eine ganz neue Verwendung. Im Alten Testament ist an der Stelle, wo wir »Gott« sagen, das Wort »elohim« zu finden, und das ist rein grammatikalisch ein Plural, wenn es auch für das Alte Testament dem Sinn nach einen Singular abgibt. Der erste Satz der Bibel überhaupt heißt nicht: »Im Anfang schufen elohim Himmel und Erde«, sondern: »Im Anfang schuf elohim Himmel und Erde.«

Aber dieser rein grammatikalische Plural scheint jene Männer einige Jahrhunderte vor Christi Geburt, die die hebräische Bibel ins Griechische übersetzt haben, stärker beeindruckt zu haben als die Bedeutung des Wortes. Ja, man hat fast den Eindruck, als sei es ihnen ein bißchen unheimlich gewesen, den Menschen so dicht bei Gott anzusiedeln, und so haben sie übersetzt: »Du hast den Menschen wenig unter die Engel gestellt.« Dieser Psalmvers wird dann im Hebräerbrief angewendet auf den, der jetzt endgültig der Menschensohn ist, auf den Sohn Gottes, der in Menschengestalt erschienen ist. Von ihm wird gesagt, er sei nur für eine Weile, eine kleine Weile, unter die Engel gestellt worden, und dann habe Gott ihm alles unterworfen. Zugleich aber läßt der Hebräerbrief deutlich werden, daß es sich hier nicht um eine Episode handelt, nicht um ein Ereignis, das vorübergegangen und nun ohne Bedeutung ist. Daß der Offenbarer Gottes, der Sohn Gottes selber, in der Welt so erscheint, daß er sich unter die Engel stellt, ist das Gesetz, nach dem Gott in der Geschichte der Menschen überhaupt antritt. Schon im Alten Testament geht Gott diesen kleinen Weg; er offenbart sich nicht durch die Großmächte Ägypten oder Assur, sondern durch Israel; und in Israel am deutlichsten in dem Augenblick, wo Israel fast vernichtet ist, keine nationale Selbständigkeit mehr besitzt. Gott offenbart sich also immer auf die Weise, daß er herunterkommt unter die Engel, daß er sich erniedrigt, sich entäußert.

Augustinus ist von diesem Gedanken so sehr beeindruckt gewesen, daß er von der Demut Gottes, von der »humilitas Dei«

gesprochen hat. Humilitas läßt sich, weil in dem Wort Humus drin steckt, wörtlich übersetzen mit »Bodennähe«. Gott also ist auf diesen unseren Boden heruntergekommen, auf diesem unserem Boden, auf dem wir leben und leben müssen, hat er sich geoffenbart. Gottes Sohn ist so sehr heruntergestiegen, er, der wirklich Herr ist in Freiheit und Selbstentscheidung, ist so sehr heruntergestiegen, daß er sich geradezu zum Ding, zum toten Ding hat machen lassen. Denn wann ist einer mehr ein Ding, als wenn er wie ein Plaket auf einen Balken geheftet wird? Das hat dieser Menschensohn, der sich erniedrigt hat, mit sich geschehen lassen, um unübersehbar sichtbar zu machen, zu welchen fürchterlichen Folgen es führt, wenn Menschen mit Menschen so umgehen, daß sie sie nicht Person und Ziel sein lassen, sondern zum Ding und zum Mittel herabwürdigen.

Trotzdem ist dieses Herabkommen des Menschensohnes, des Gottessohnes nicht nur zu dem Zweck geschehen, die Bosheit der Menschen sozusagen ad absurdum zu führen, ihre äußersten Konsequenzen aufzudecken und so das Verlangen nach dem Heil von Gott her zu wecken, sondern zugleich ist dieses Herabkommen selber schon Offenbarung und Heilwirken. Es ist der Weg Gottes zum Menschen und wird zum einzig gangbaren Weg des Menschen zum Menschen. So sehr wir aufgerufen und berechtigt sind, uns die Welt untertan zu machen, darauf bedacht zu sein, höher zu kommen, mehr zu leisten, mehr Verantwortung zu übernehmen, unsere Lage zu verbessern, so ist doch das Heil auf dem Wege zu uns und durch uns zu denen, mit denen wir in Berührung kommen, nur dann, wenn wir diesem herabgestiegenen Menschensohn nachgehen. Das Herabsteigen ist jeweils die Nachfolge des unter die Engel gestellten Menschensohnes. Das bedeutet, daß wir immer und in jeder Situation uns nicht zunächst ausrichten dürfen an denen, die über uns sind, sondern daß unser Interesse jeweils zunächst denen zu gelten hat, die unter uns stehen, geringer sind als wir, schwächer, denen es schlechter geht als uns. Und es gibt immer einen, der noch geringer, noch schwächer ist als ich. Daß ich zu dem herabsteige, nicht in überheblicher Herablassung, sondern indem ich mich so mit ihm identifiziere, wie der Sohn Gottes sich mit dem Menschen identifiziert, das ist der Weg, auf dem das Heil zu mir und zu diesen anderen kommt. Aber das ist nicht etwas rein Privates, nicht etwas nur für Einzelne, sondern das gilt auch für uns zusammen, für die Gemeinschaft. Ja, das gilt vielleicht gerade für uns Christen in Gemeinschaft; das gilt vielleicht gerade dann, wenn wir in der Mehrheit und vielleicht darüber hinaus sogar im Recht sind, und wenn die anderen in der Minderheit sind, und wenn sie tatsächlich Unrecht getan haben. Dann noch herabsteigen können, das ist Nachfolge des Gekreuzigten. So sehr es einleuchtend, ja sogar legitim sein mag, zu sagen: »Wer sich gegen das Recht vergeht, der hat sich die Folgen solchen Vergehens selber zuzuschreiben«, so sehr wird doch einer, der dem Gekreuzigten nachfolgt, dabei nicht stehenbleiben, sondern auch in dem Falle, wo er überzeugt ist, daß Unrecht geschehen ist, dafür sorgen, daß auch der, der Unrecht getan hat, nicht zum bloßen Gegenstand der Vergeltung degradiert wird, sondern daß das Mögliche getan wird, ihm das Personsein zu ermöglichen und zu erhalten.

So sehr wir durch die Aussage des Psalmes ermächtigt und beauftragt sind, die Schöpfung weiterzuführen, Zustände dieser Welt zu verbessern, d. h. also, unseren Blick in die Zukunft zu richten, so sehr, ja ich möchte fast sagen, noch mehr sind wir – wenn wir uns denn nach dem nennen, der als Gottessohn, als absoluter Herr unter die Engel heruntergekommen ist, sich verdemütigt hat, auf diesem unserem Boden Platz genommen hat – dazu aufgerufen, in die Gegenwart zu schauen, in der Gegenwart zu leben, den zu sehen, der in unserer Nähe schwächer, geringer ist als wir, und uns seiner anzunehmen, indem wir zu ihm herabsteigen, uns mit ihm identifizieren. Wenn wir solche Menschen sind, solche Christen, dann wird die Verheißung, die der herabgestiegene Menschensohn darstellt, in jedem einzelnen von uns erneuert und gegenwärtig gemacht. Ja, nicht nur Verheißung wird gegenwärtig gemacht, sondern auf paradoxe Weise würde sich herausstellen, daß derjenige, der wirklich herabsteigt, ohne Überheblichkeit herabsteigt, sich wirklich einläßt auf denjenigen, der schwächer ist und geringer ist als er, daß genau dieser Mensch Herr ist über die Welt, über ihre Probleme, über ihre Bedrohungen, über ihre Verlockungen, daß dieser so demütig gewordene Mensch zugleich schon der ist, der selber gar nicht mehr, weder vor anderen, noch vor sich selber, Ding und Mittel ist, sondern schon ganz Ziel und Person, schon ganz dicht bei Gott.

Peter Stuhlmacher 24. November 1974

Psalm 16:

1 Ein güldenes Kleinod Davids.
Bewahre mich, Gott; denn ich traue auf dich.

2 Ich habe gesagt zu dem Herrn: Du bist ja der Herr!
Ich weiß von keinem Gut außer dir.

3 An den Heiligen, die auf Erden sind,
an den Herrlichen habe ich all mein Gefallen.

4 Aber jene, die einem andern nachlaufen,
werden viel Herzeleid haben.
Ich will das Blut ihrer Trankopfer nicht opfern
noch ihren Namen in meinem Munde führen.

5 Der Herr ist mein Gut und mein Teil;
du erhältst mir mein Erbteil.

6 Das Los ist mir gefallen auf liebliches Land;
mir ist ein schönes Erbteil geworden.

7 Ich lobe den Herrn, der mich beraten hat;
auch mahnt mich mein Herz des Nachts.

8 Ich habe den Herrn allezeit vor Augen;
steht er mir zur Rechten, so werde ich fest bleiben.

9 Darum freut sich mein Herz, und meine Seele ist fröhlich;
auch mein Leib wird sicher liegen.

10 Denn du wirst mich nicht dem Tode überlassen
und nicht zugeben, daß dein Heiliger die Grube sehe.

11 Du tust mir kund den Weg zum Leben:
Vor dir ist Freude die Fülle
und Wonne zu deiner Rechten ewiglich.

I. Wir müssen heute, am Totensonntag, die Frage nach dem Tod nicht erst künstlich in uns wecken. Ganz im Gegenteil ist die Konfrontation mit dem Tod für uns schon gegeben. Uns allen stehen die Bilder des zerborstenen und ausgebrannten Jumbojets in Kenia und von den Opfern der jüngsten Anschläge in Birmingham vor Augen; der Tod von Holger Meins ist zum Plakat der Anklage geworden; die Gedenkfeier für v. Drenkmann in Berlin wurde zur politischen Demonstration; erst gestern war in der Zeitung zu lesen, der Verkehr in der Bundesrepublik habe allein im September diesen Jahres 1268 Menschenleben gekostet (und seit Jahresbeginn über 10 127 Tote); und nicht wenige unter uns haben in den letzten Wochen wieder einige ihrer geachteten und geliebten Lehrer zu Grabe getragen: Hanns Rückert und Wolfgang Schadewaldt waren für die Älteren unter uns Symbolfiguren, und wir sind sehr viel einsamer ohne sie. Statt uns also erst mühsam an das Sterben erinnern zu müssen, sind wir alle in diesen Tagen schon vom Tode betroffen, wobei sich in uns Trauer und Verlassenheit, Ingrimm und Protest, Trotz und Härte, Ratlosigkeit und die Erinnerung daran, daß wir eigentlich im Glauben gefaßter und hoffnungsvoller sein sollten, unterschiedlich mischen. Gehen wir in dieser Haltung auf den Psalm zu, den ich eben verlesen habe, so bietet er sich ganz von selbst als eine Herberge an, in der wir sollen ausruhen können, um dann, gekräftigt und wohlberaten, wieder aufzubrechen in unser Leben angesichts und inmitten eines offenbar noch nicht aufhörenden und immer wieder entsetzlichen Sterbens.

II. Wenn die alttestamentliche Forschung uns recht berät, dann können wir sagen: Abgefaßt, gebetet und bewährt wurde unser Psalm zuerst in den Kreisen der Leviten, d. h. jener Kultdiener am Tempel von Jerusalem, die dort vor allem seit dem 5. Jahrhundert vor Christus für den ordnungsgemäßen Ablauf der Gottesdienste zu sorgen und zusätzlich das Gesetz Gottes, Gottes Selbstkundgebung in seinem Wort, vorzutragen und zu lehren hatten. Unter diesen Menschen lebte dieses Lied und wurde ursprünglich gesungen zur Einübung in ein von keiner denkbaren Notlage oder Bedrohung zerstörbares Gottvertrauen. Die Psalmverse scheinen dabei besonders denen vorgegeben worden zu sein, die bereits in Not und bedroht waren, damit diese Menschen dort, wo sie selbst zu verstummen drohten, doch noch eine Anleitung zur Sprache des Glaubens fänden.

Der Psalm beginnt deshalb gleich mit einer Bitte: »Bewahre mich, Gott; denn ich traue auf dich«, und er leitet den Beter dann fortschreitend an, die eigene bedrohte Lebensordnung trotz allem festzuhalten. Weder beruflich noch der persönlichen Entscheidung nach soll er seinen Platz aufgeben: »Ich habe gesagt zu dem Herrn: Du bist ja der Herr! Ich weiß von keinem Gut außer dir«; an denen, die mit ihm im Dienste Gottes stehen – der Text spricht von »den Heiligen, die auf Erden sind« –, an ihnen soll der hier betende Fromme nach dem Fortgang des Textes festhalten, während er die anderen, die anderen Werten und Gottheiten anhängen, ins Unheil laufen sieht. Mit ihnen und ihrem unordentlichen Gottesdienst möchte der Beter nichts zu tun haben, aber in der Gemeinschaft der Glaubensgenossen soll er sich trösten und aushalten. Weshalb? Weil er selbst in seinem Dienst und Platz vor Gott die Aufgabe und das Lebensrecht wiederentdecken darf und soll, die Gott ihm bereits angewiesen und eingeräumt hat: »Der Herr ist mein Gut und mein Teil; du erhältst mir mein Erbteil. Das Los ist mir gefallen auf liebliches Land; mir ist ein schönes Erbteil geworden.« Statt einen Ausweg aus seiner Bedrängnis durch Flucht aus seinem Beruf und Glauben zu suchen, lädt der Psalm den seine Worte mitbetenden, bedrohten Menschen ein, Gottes Ruf und bewahrende Hand in seinem bereits bestehenden Beruf zu erkennen und den Platz, an den er gestellt ist, werten zu lernen als die Heimat, die Gott ihm gewähren will. Der Erkenntnisweg, der zu dieser Einsicht zurückführt, ist nach unserem Psalmtext allein das ausgesprochene Lob Gottes, und das Ziel ist die vertiefte Hinkehr zu Gott als dem Grund allen erfüllten Lebens: »Ich lobe den Herrn, der mich beraten hat; auch mahnt mich mein Herz des Nachts. Ich habe den

Herrn allezeit vor Augen; steht er mir zur Rechten, so werde ich fest bleiben.« Dieses Festbleiben meint das persönliche Ausharren und ein Bewahrtbleiben an Leib und Leben, Geist und Seele, angesichts von allen Schädigungen, die den Beter bedrohen, bis hin zum Tode: »Darum freut sich mein Herz, und meine Seele ist fröhlich; auch mein Leib wird sicher liegen. Denn du wirst mich nicht dem Tode überlassen und nicht zugeben, daß dein Heiliger die Grube (= das Grab) sehe.«
Zuerst und ursprünglich nimmt der Psalm 16 einen von sich selbst und seinen Lebensumständen angefochtenen Tempeldiener und Katecheten bei der Hand und übt ihn ein, aus seinem Werk und Beruf nicht zu fliehen, sondern beides auszuloten und festzuhalten als den ihm von Gott gewiesenen Weg zum wahren Leben in der wahren Gottesgemeinschaft. Weil er diese Gottesgemeinschaft neu eröffnen will, legt der Psalm zum Abschluß dem bedrängten Beter folgende vertrauensvolle Aussage in den Mund: »Du tust mir kund den Weg zum Leben: Vor dir ist Freude die Fülle und Wonne zu deiner Rechten ewiglich.« Der Weg zum Leben – das ist der Wandel in der von Gottes Gebot gewiesenen Weise, und die Freude, die vor Gott und bei Gott herrscht, wird irdisch erfahrbar in der Freiheit und Gelassenheit, mit der ein auf Gott vertrauender Mensch zuweilen seinen Weg gehen und das Leben im Vertrauen auf Gottes Beistand bestehen kann. Zu eben dieser Gelassenheit will der Psalm führen.

III. Wie sehr sich unser Vertrauenslied unter den Israeliten als Maßstab und Wegweisung bewährt hat, läßt uns die älteste österliche Christuspredigt erkennen, die im Rahmen des Neuen Testaments auf uns gekommen ist. Als Männer wie Petrus und Paulus in Jerusalem selbst und auf ihren Missionsfahrten den Juden und Gottesfürchtigen in ihrer Umgebung sagen sollten, was sich denn eigentlich in Tod und Auferstehung Jesu ereignet habe, als sie aussprechen sollten, wer Jesus mit seinem Tod und seiner Auferweckung für uns geworden sei und was sich die Menschen seit Jesu Tod und Auferweckung von Gott erwarten und erhoffen dürfen, da haben sie unter den vielen Texten des Alten Testaments bevorzugt auf den Psalm 16 zurückgegriffen. Sie haben den Psalm oder Teile aus ihm ihren Zuhörern vorgesprochen und dann hinzugefügt, daß sich dieser Psalm Davids im Geschick Jesu bewahrheitet und verwirklicht habe. In der uns allen bekannten Pfingstpredigt des Petrus aus Apg. 2 heißt es z. B.:

»Ihr Männer von Israel, höret diese Worte: Jesus von Nazareth, den Mann, von Gott unter euch erwiesen mit Taten und Wundern und Zeichen, welche Gott durch ihn tat unter euch, wie ihr selbst wisset: ihn, der durch Ratschluß und Vorsehung Gottes dahingegeben war, habt ihr durch die Hand der Heiden ans Kreuz geschlagen und getötet. Den hat Gott auferweckt und aufgelöst die Schmerzen des Todes, wie es denn unmöglich war, daß er sollte von ihm gehalten werden. Denn David spricht von ihm (Ps. 16, 8–11): ›Ich habe den Herrn allezeit vor Augen, denn er ist an meiner Rechten, auf daß ich nicht wanke. Darum ist mein Herz fröhlich und meine Zunge frohlocket; auch mein Fleisch wird ruhen in der Hoffnung. Denn du wirst meine Seele nicht bei den Toten lassen, auch nicht zugeben, daß dein Heiliger die Verwesung sehe. Du hast mir kundgetan die Wege des Lebens, du wirst mich erfüllen mit Freuden vor deinem Angesicht‹ . . .«

Seit dieser Rede des Petrus und der ihren Grundtenor aufgreifenden Missionspredigt des Paulus (Apg. 13,35) gilt der Psalm, von dem wir sprechen, nicht mehr nur als ein an den Tempel in Jerusalem und seine Frommen gebundenes Vertrauenslied, sondern als eine für alle Glaubenden geschaffene Agende zur Einübung und Bewährung in einem Glaubensleben, dessen Dimensionen Christus selbst abgesteckt und abgeschritten hat. Als diese durch Jesu Weg geheiligte und bewahrheitete Anleitung zum Vertrauen ist der Psalm uns heute angeboten, damit wir sie aufgreifen und am Leitfaden der alten, geheiligten Worte unsere eigenen Erfahrungen und Ängste bewältigen lernen. Insbesondere unsere Erfahrungen und Ängste mit dem Tod als der uns täglich vor Augen stehenden und uns so oder so herausfordernden Grenze unseres menschlichen Lebens.

Wohlgemerkt: der Text bietet uns keine theoretisch diskutierbare Lehre darüber an, wie die Herausforderung des Todes, die Todesangst und Todesnot christlich grundsätzlich zu verstehen, einzuordnen, zu beurteilen und – vielleicht – zu bewältigen seien. Er bietet mit seinen in Jahrtausenden bewährten Worten vielmehr zunächst und vor allem einen Weg an, den man im Glauben gehen und auf dem man – im Blick auf Christus, der uns durch den Tod hindurch ins Leben vor Gott vorausgegangen ist – sogar den Tod und seine Herausforderung im Maße des menschlich Möglichen annehmen und bestehen kann. Man kann diesen Weg auch heute nicht besser kennzeichnen, als es schon der Psalm selbst tut. Es ist der Weg der immer wieder erneuerten Einübung ins Vertrauen gegenüber Gott, der uns in Christus begegnen will und schon entgegengekommen ist: »Ich habe den Herrn allezeit vor Augen; steht er mir zur Rechten, so werde ich fest bleiben. Darum freut sich mein Herz, und meine Seele ist fröhlich; auch mein Leib wird sicher liegen. Denn du wirst mich nicht dem Tode überlassen ...« – das sollen nun wir nach- und mitsprechen, wieder und immer wieder, bis wir von innen her ermessen haben, daß Gott uns wirklich in Jesus Christus meint und zu solchem Vertrauen sogar im Angesicht des Todes beruft. Gott räumt uns in Christus das unerhörte Vorrecht ein, in dieser bedrückenden Welt, in der wir leben müssen, auf ihn und seine Zukunft vertrauen zu dürfen. Angesichts des Todes, der uns heute begegnet und morgen allen gleichermaßen bevorsteht, brauchen wir also weder zu verstummen noch zu verzweifeln, sondern wir können sehen und sagen, daß der Tod nicht das letzte Wort auf Erden hat, sondern die versöhnende Liebe Gottes, die in Christus den Tod durchbricht. Wenn wir dies aber sagen und sehen dürfen, dann hat dies natürlich auch Konsequenzen für unsere Haltung angesichts der Gräber und der Gegenwartsbegegnung mit dem Tod, der wir uns, wie wir sahen, nicht entziehen können.

IV. Die Bilder von den bei Unfällen und Terroranschlägen zerfetzten Menschenleibern können wir überhaupt nur ertragen und verarbeiten, weil wir uns nicht nur anklagen müssen, was wir alles versäumt haben, so daß es zu diesem Verkehrschaos und zu diesen Haßausbrüchen kam, sondern weil wir zugleich die Menschen, denen dieses Schicksal widerfahren ist, in Gedanken und in Wirklichkeit bergen und geborgen wissen dürfen in der in Christus verbürgten Liebe Gottes. Das Plakat, das seine Gesinnungsfreunde dem toten Holger Meins gemalt haben, und zwar als Anklage und Steckbrief gegen das System, in dem wir leben, das können wir nur ansehen, ohne sogleich in Leidenschaft und Haß auszubrechen, und die Feuer am Sarge des in Berlin sinnlos ermordeten Kammergerichtspräsidenten können wir nur dann in Ruhe brennen lassen, ohne in eifernde Parteilichkeit zu verfallen, wenn uns ganz deutlich vor Augen steht, daß Gott uns in Christus allen ein Recht auf Liebe zuerkannt hat, ein Recht, das sogar der Tod nicht bricht. Weil dieses Recht von Gott gesetzt ist und in Christus gilt im Leben, im Sterben und in Gottes Zeit, darum dürfen wir uns irdisch nicht an dem Recht des Menschen vergreifen, wo immer dieser uns anvertraut oder sogar ausgeliefert ist. Weil dieses Recht Gottes besteht, haben wir Menschen kein Recht, andere Menschen zu töten, haben wir kein Recht, Menschen zu ächten, bei lebendigem Leibe zu begraben oder mit dem zynischen, menschenmordenden Terror irgendwie zu sympathisieren. Wir haben im Gegenteil als Christen die Pflicht, überall für das uns durch Christus ins Herz geschriebene Recht des Menschen auf Liebe einzustehen.

Aber gerade wenn uns dieses Recht auf Liebe in Christus verbürgt ist, wenn es also gilt auf Erden, an den Gräbern und in Gottes Ewigkeit, dann gilt neben unserer Pflicht, dieses Recht zu vertreten, gleichzeitig auch das andere. Daß uns nämlich der vieltausendfache Verstoß gegen dieses Recht, den wir miterleben und immer wieder auch selbst aktiv und passiv mitvollziehen, daß uns dieser Verstoß nicht irrezumachen braucht an Gott und unserer in Christus zusammengefaßten Zukunft. Wenn Gott denn in Christus und durch Christus wirklich das letzte Wort behält, dann können wir gerade die in Unrecht und Verblendung dahingerafften alten und jungen Toten Gott anvertrauen mit dem Eingeständnis und der Bitte: Mach Du es besser und gerechter mit ihnen als wir es vermochten. Wenn dieses Recht Gottes gilt über unsere Zeit und unser Vermögen hinaus, dann braucht uns auch unsere eigene Lebenszeit und Lebenswelt nicht über alles zu gehen. Wir können dann, ja müssen und dürfen sogar wieder lernen, Gott zu überlassen, was nicht in unserer Macht steht. Angesichts des Todes hier, des Terrors dort und all der Verlassenheit, die wir durchleben, haben wir Christen durch Christus das Recht und die Pflicht zugewiesen bekommen, gelassen bei der Liebe zu bleiben. Sie soll unser Leben heute und hier bestimmen; in ihr sollen wir uns einüben und auf sie sollen wir auch öffentlich dringen mit all unserer Kraft – aber weil sie die in Christus erwiesene und bewahrheitete Liebe Gottes ist durch den Tod hindurch und über ihn hinaus, brauchen wir es nicht zu sein, die diese Liebe vollenden. Wir können und dürfen darum vor Gott und angesichts seiner Liebe leben in unserer Vorläufigkeit und Schwachheit, weil Gott das Seine tut. Wo wir versagen, ist er noch immer am Werk, und wo wir noch immer nicht gewesen sind, da war er schon. Die Liebe Gottes erlaubt es uns, auch gerade in unserer Vorläufigkeit getrost zu leben und uns nicht permanent übernehmen zu wollen oder zu sollen.

Damit wir uns in eben diesen Mut, vor Gott und angesichts seiner Liebe inmitten aller Unruhe getrost zu leben, wieder hineinfinden, ist uns dieser Psalm gegeben, von dem wir sprachen. Als eine Herberge, in die wir einkehren, in der wir verweilen, und aus der heraus wir wieder aufbrechen können, um getrost und vertrauensvoll weiterzuleben, weil wir auch heute, am Totensonntag 1974, Anlaß genug haben, zu sagen und zu bekennen:

> »Du tust mir kund den Weg zum Leben:
> Vor dir ist Freude die Fülle und Wonne zu deiner Rechten ewiglich.«

Jürgen Moltmann

1. Dezember 1974

Psalm 24:

Die Erde ist des Herrn und was darinnen ist, der Erdboden und was darauf wohnt.
Denn er hat ihn an die Meere gegründet und an den Wassern bereitet.
Wer wird auf des Herrn Berg gehen, und wer wird stehen an seiner heiligen Stätte?
Der unschuldige Hände hat und reines Herzens ist; der nicht Lust hat zu loser Lehre und schwört nicht fälschlich:
der wird den Segen vom Herrn empfangen und Gerechtigkeit von dem Gott seines Heils.
Das ist das Geschlecht, das nach ihm fragt, das da sucht dein Antlitz, Gott Jakobs.
Machet die Tore weit und die Türen in der Welt hoch, daß der König der Ehren einziehe!
Wer ist derselbe König der Ehren? Es ist der Herr, stark und mächtig, der Herr, mächtig im Streit.
Machet die Tore weit und die Türen in der Welt hoch, daß der König der Ehren einziehe!
Wer ist derselbe König der Ehren? Es ist der Herr Zebaoth; er ist der König der Ehren.

Advent im frühen Israel – Advent in unserer Welt von 1974: das ist ein weiter Weg. Aber es ist ein Weg in derselben Richtung und mit einer immer tieferen und weiteren Hoffnung:

Der Herr der Herrlichkeit kommt. Ihm sollen heute schon die verschlossenen Türen und die verrammelten Tore geöffnet werden. Mit ihm kommt der neue Mensch mit unschuldigen Hän-

den und reinem Herzen. Segen und Gerechtigkeit von dem Gott des Heils werden Menschen empfangen, die nach Gott fragen und sein Antlitz suchen.
Der Erdboden und alle, die darauf wohnen, werden aufatmen, denn die Schönheit Gottes wird alles erfüllen. Oder anders gesagt: Diese Erde ist des Herrn. Sie ist nicht sich selbst und auch nicht uns Menschen preisgegeben. Ihr Schöpfer kommt, um sie zu verherrlichen. Die Menschen auf ihr sind nicht verlassen. Sie werden nicht an ihrem Unrecht zugrunde gehen und nicht in ihrer Schuld verkommen. Ihr Schöpfer kommt, um sie zu finden und sich mit ihnen zu freuen.
Das ist ein festliches Lied und ein großer Gesang. Wir wollen versuchen angesichts der Drohungen, die über unserer Erde hängen, die kommende Herrlichkeit zu rühmen, ihre Schönheit trotz der häßlichen Dinge, die Menschen sich antun, zu lieben und dieser Zukunft unsere inneren und äußeren Türen zu öffnen, hinter denen wir uns versteckt haben. Gott selbst kommt seiner Schöpfung entgegen, und in schöpferischer Empfänglichkeit wird der Mensch frei und schön und liebenswürdig.

1. Advent im frühen Israel. Psalm 24 stammt vermutlich aus den ersten Kämpfen und Siegen Israels nach der Landnahme in Palästina. Es sind Fragmente und Wechselgesänge aus einer »Torliturgie«, wie man sie genannt hat. Jahwe Zebaoth, der Herr der himmlischen und irdischen Heerscharen Israels, thront unsichtbar auf der Bundeslade. Auf ihren Kriegszügen führen die Kämpfer diese Lade mit in die Schlachten, damit Jahwe Zebaoth die Feinde mit »heiligem Schrecken« verwirre und den Seinen zum Sieg verhelfe. Die Lade als den sichtbaren Thron des unsichtbaren Gottes bei sich zu wissen, das gibt Mut und Vertrauen: »Gott ist mit uns«, komme, wer da wolle! Nach dem Sieg wird dann die Lade zum Heiligtum zurückgebracht. Das mag eine Priesterprozession und Militärparade in einem gewesen sein; ein Fest für den »Kriegshelden« Jahwe und alle die kleineren Helden aus Israel.
Am Zion angelangt, gab es dann das Frage- und Antwort-Spiel

der Ankommenden und der sie Erwartenden: »Wer wird auf des Herrn Berg gehen und stehen an seiner heiligen Stätte? Der unschuldige Hände hat. Wer ist der Herr der Herrlichkeit? Es ist der Herr Zebaoth, stark und mächtig im Streit. Macht die Tore weit und die Türen hoch, daß der Herr der Herrlichkeit einziehe.« Dann geht es in die heilige Stadt hinein, und das große Fest beginnt. »Advent im frühen Israel« war gewiß der glorreiche Einzug des »Kriegshelden« Jahwe. Es wird bei diesem Fest an nichts gefehlt haben. Man kann es sich so gut vorstellen, weil alle Völker ihre Siege so religiös und politisch zugleich gefeiert haben. Auch unser Volk hatte einst einen »Gott, der Eisen wachsen ließ« und »kannte keine Knechte«. Um nur an Israels göttlichen »Kriegshelden« erinnert zu werden, sind wir heute kaum hierhergekommen. Es steckt jedoch mehr in Psalm 24. Es steckt mehr in Jahwe Zebaoth als nur ein kleiner Kriegsheld aus dem vorderen Orient:

»Die Erde ist des Herrn und was darauf wohnt.« Dieser Gott Israels ist nicht Israels Privatgott, sondern der Schöpfer aller Dinge. Und er kämpft nicht, um zu vernichten, sondern um die Erde zu bewahren und den Erdboden bewohnbar zu machen gegen die Kräfte der Vernichtung.

»Der Herr Zebaoth ist der Herr der Herrlichkeit.« Dieser Gott ist nicht nur Israels Kriegsheld, sondern er kommt, um alle Länder mit dem Glanz seiner Herrlichkeit zu erfüllen und alle Völker mit seiner Gerechtigkeit zu segnen.

Jahwe Zebaoth hat es also in sich. Wie der Psalm am Anfang und am Ende beweist, streckt der Glaube in ihm die offenen Hände seiner Hoffnung über die ganze Welt und erwartet ihre umfassende Verherrlichung. Das geht nicht in einer kleinen Siegesprozession im frühen Israel auf. Das reicht weiter.

2. Advent in unserer Welt 1974: Was wurde aus der Erde, auf der wir wohnen? Zur Zeit des Psalms waren die Menschen klein und die Natur groß und unheimlich. Im Wüstensand, in Stürmen, Dürrezeiten und Wasserfluten war nicht die Natur dem Menschen, sondern die Menschen der Natur untertan. Darum sahen

die kleinen Menschen in den großen Naturgewalten unheimliche Götter und Dämonen am Werk. Und dennoch bekannte Israel Jahwe als Schöpfer und vertraute auf die Güte seiner Schöpfung und ließ sich nicht ins Bockshorn jagen.

Für uns ist es eher umgekehrt. Die Erde ist des Menschen und der Erdboden auch. Wir haben die Natur erforscht und unterworfen, haben den Erdboden überbevölkert und zweifeln nun, ob er für unsere Kinder noch bewohnbar ist. Das ist genau so unheimlich, denn wir trauen den Menschen nicht mehr: diesen neuen Göttern und Dämonen der Natur. Es ist darum heute ein nicht geringerer Mut nötig als damals, um angesichts von Umweltzerstörungen und der ökologischen Krise Gott als den Schöpfer zu bekennen, auf die Güte seiner Schöpfung zu vertrauen und sich von Katastrophenfurcht nicht ins Bockshorn jagen zu lassen, sondern rechtzeitig das Notwendige zu tun. »Die Erde ist des Herrn«, dieses Vertrauen braucht heute mehr denn je die Hoffnung: Er kommt, um sich an ihr und sie in sich zu verherrlichen.

Um so wichtiger wird für uns der zweite Punkt: Wer wird auf des Herrn Berg gehen? Mit anderen Worten: Wer wird an der kommenden Verherrlichung teilnehmen? Wer sind die Kinder der Zukunft, die Kinder des Friedens? Psalm 24 kannte offenbar Menschen mit unschuldigen Händen und reinen Herzen, die nach Gott fragen und sein Antlitz suchen. Unsere Hände aber sind nicht unschuldig. Unsere Herzen sind nicht rein. Wenn wir nach etwas fragen, so meistens nach uns selbst, und wenn wir etwas suchen, so meistens unser eigenes Gesicht und unsere eigene Herrlichkeit. Die Erde wurde wohl zur Welt des Menschen, aber der Mensch wurde darum noch nicht menschlicher. Wie werden wir zu wahren Menschen? Wie werden wir zu Menschen mit dem »Segen und der Gerechtigkeit«, wie der Psalm sagt, von dem »Gott des Heils?« Die Sieger von damals, die ihre Feinde unterwarfen, waren es doch nicht. Und die kalt und hart reagierenden Manager und Technokraten, die heute Natur, Wirtschaft und Gesellschaft kontrollieren, wohl auch nicht. Worauf also warten wir im Advent 1974? Auf wen warten wir und welche Erwartung prägt unser Leben, unser Leiden und unser Handeln?

3. Der Psalm erinnert uns an das Freudenfest Israels über den Einzug des siegreichen Herrn Zebaoth. Das ist für uns ein Bild der Erinnerung für eine weitere und tiefere Hoffnung: für das Fest des kommenden Herrn der Herrlichkeit auf dem ganzen Erdboden. Seine Herrlichkeit werden nicht die niedergeschlagenen Feinde und also der Sieg sein, sondern die überwundene Feindschaft und also der Friede. Schon die Propheten verwandelten das Bild der Erinnerung an Jahwe Zebaoth und verbreiteten folgende Hoffnung: »Aber, du Tochter Zion, freue dich sehr, und du Tochter Jerusalem jauchze! Siehe, dein König kommt zu dir, ein Gerechter und ein Helfer, arm und reitet auf einem Esel. Denn ich will die Wagen abtun von Ephraim und die Rosse von Jerusalem und der Streitbogen soll zerbrochen werden: denn er wird Frieden lehren unter den Heiden und seine Herrschaft wird sein bis ans Ende der Welt« (Sacharja 9, 9 ff).

Das ist nicht mehr die Herrlichkeit des Sieges, sondern der Glanz des Friedens; nicht mehr die Gewalt der Panzer und Raketen, sondern die Kraft der Hilfe. Das ist nicht mehr die Liebe zur Macht, sondern die Macht der Liebe; nicht jener Reichtum, der viele arm macht, sondern die Armut Gottes, die viele reich macht. Wer auf die Zukunft dieses Herrn – »arm und reitet auf einem Esel« – hofft, wird nicht selbst stark in der Leistung und mächtig im Konkurrenzkampf, sondern empfänglich in der Liebe und offen in der Teilnahme und verwundbar in der Gemeinschaft.

4. Das ist das Bild einer Hoffnung für eine wiederum weitere und tiefere Erfahrung. Von früh an hat die Christenheit Psalm 24 als Adventslied für ihre Erfahrung mit Christus gebraucht, weil sie in Jahwe Zebaoth den Vater Jesu Christi wiederentdeckte. Ja, Luther sah Jahwe Zebaoth in Christus selbst, wie sein Lied beweist: »Fragst Du, wer der ist? Er heißt Jesus Christ, der Herr Zebaoth, und ist kein andrer Gott, das Feld muß er behalten.«

Auch Paulus nannte den auferstandenen Christus den »Herrn der Herrlichkeit«.
Das verändert noch einmal die Erinnerung des Psalms und die Hoffnung des Propheten. Denn Christus kam nicht, um zu siegen und zu herrschen, sondern um zu dienen. Sein »Sieg« war seine Hingabe an den Tod am Kreuz »als Lösegeld für viele«. Seine Herrschaft knechtet niemanden, sondern liegt im Knechtwerden für die Befreiung vieler. Sein Reichtum liegt gerade darin, daß er arm wird, um viele reich zu machen. Der Menschensohn regiert nicht durch Gewalttat und Unterwerfung, sondern durch Hingabe zur Befreiung. Radikaler kann die Umkehr des Herrschaftsdenkens kaum gedacht werden, als wie sie hier im Kommen Christi erfahren wird: Der einzige Herr – ein Knecht aller; der Weltenherrscher – ein Freund der Sünder und Zöllner; der Weltenrichter – ein Bruder der Ausgestoßenen.
Das verändert unsere Vorstellungen von Herrlichkeit, Größe, Leistung und Machtentfaltung. Normalerweise sehen wir nach oben und zu jemandem auf, wenn wir von seiner Herrlichkeit beeindruckt werden. Bei Jesus aber müssen wir nach unten sehen: seine Herrlichkeit liegt in seiner Niedrigkeit, seine Größe in seiner Armut, seine Gewalt in seiner Hingabe: von der armen Krippe in Bethlehem bis zum elenden Kreuz auf Golgatha.
Die Herren dieser Erde umgeben sich mit dem Glanz des Reichtums, die Angesehenen mit Ehre, die Lehrer mit Autorität, und die Nationen suchen ihre *gloire*. »Der Herr der Herrlichkeit« aber zeigt seine Kraft in den Schwachen und seine Ehre in seiner Hingabe und seine Freude in seiner Liebe. Wir sollten wohl versuchen, »Herrlichkeit« nicht mehr nur mit Herrschaft zu übersetzen, sondern auch mit *Schönheit*. Einer Herrschaft soll man gehorchen. Eine Schönheit aber erfreut und läßt einen zur Entfaltung kommen. In der Person und der Geschichte Christi wird die Schönheit der Liebe Gottes offenbar, die sich entäußert, ohne sich zu verlieren, die vergeben kann, ohne sich selbst etwas zu vergeben. Gott ist schön, und er ist nirgendwo

schöner als in der ansprechenden Anmut und der zuvorkommenden Gnade, die von Christus ausgeht. Wenn wir unsere Hoffnung darauf setzen, daß die Schönheit seiner Gnade und die Herrlichkeit seiner befreienden Liebe die Zukunft für das Leben der Welt ist, dann wird unser Herz sozusagen weit, und unsere verschlossene Welt öffnet sich. Wir werden wieder empfänglich für die Freuden und Schmerzen des Lebens und werden offene Menschen, werden ohne Vorbehalte und ohne Sicherheiten schöpferisch lebendig. Wie er sich uns ganz gab, so können wir uns ganz und ungeteilt geben.

5. Ich möchte mir hier eine kritische Anmerkung zur Lage der Gegenwart erlauben. Warum unterwerfen wir Schüler und Studenten einem Leistungsdruck und einer Konkurrenzjagd nach Studienplätzen und Positionen, der Schwächere ausschließt und auch die Stärkeren nicht zur Entfaltung ihrer menschlicheren Eigenschaften kommen läßt? Warum vergewaltigen wir die Natur und uns selbst und unterwerfen sie und uns einem Willen zur Macht, der – wie bekannt – tödlich sein kann? Warum bauen wir in unserer Gesellschaft eine Sicherheit nach der anderen ein, um alle unsere Einrichtungen unangreifbar und unverwundbar zu machen? Steckt dahinter nicht Angst, pure Existenzangst, Furcht um den Besitzstand und Angst vor den Ansprüchen anderer? Steckt dahinter nicht eine Aggressivität, die nichts mehr leiden mag, sondern andere dafür leiden läßt? – Die Gründe für diese Entwicklung sind zahlreich und bekannt. Die Folgen sind auch zahlreich, aber wohl nicht so bekannt: Aus Furcht vor den anderen verschließen wir auch eine Tür nach der anderen für unsere eigene Zukunft. Wir lassen andere nicht zur Entfaltung kommen und entfalten dabei selbst auch nicht gerade unsere liebenswürdigsten Eigenschaften. Wir wollen unseren Feinden keine Chance geben und verbauen uns unsere eigenen Chancen. Unsere lebensbejahenden Eigenschaften bleiben auf der Strecke: das Gefühl, die spontane Zuneigung, die Brüderlichkeit und die Freude am Dasein. Advent 1974: »Macht die Tore weit und die Türen in der Welt hoch« – das meint doch wohl auch eine Gegenbewegung gegen ver-

schlossene Menschen und verschlossene Gesellschaften, eine Bewegung der Offenheit für andere und füreinander im Vertrauen auf die offene Zukunft Gottes, vor der sich keiner fürchten muß.

6. Wer wird auf des Herrn Berg gehen und stehen an seiner heiligen Stätte? fragt der Psalm. Sehen wir unsere Hände an: sie sind nicht unschuldig. Sie waren geballt, als sie offen sein sollten. Sie haben abgewehrt, als sie einladen konnten. Sie haben zugegriffen und an sich gerissen, als sie geben sollten. Man hat mit ihnen geschlagen, geschossen, verurteilt, in Besitz genommen und vieles versäumt. Advent 1974: Erwartung des Kommens Christi und der Schönheit seiner Gnade: Wir haben keine unschuldigen Hände und können sie auch nicht in Unschuld waschen. Aber wir können unsere schuldigen, ängstlichen Hände, so wie sie sind, öffnen und die Schönheit seiner Gnade empfangen. Advent 1974: Erwartung des Kommens Christi: Wir können unsere geballten Fäuste öffnen und geben, was wir haben, und teilen, was wir an uns gezogen haben, und sie öffnen für das Geschenk der Nähe Gottes. Nicht unsere Leistungen zählen und auch nicht unser Besitz. Was zählt, weil es uns trägt und die Erde bewohnbar macht, ist allein die Schönheit des kommenden Gottes.
Sehen wir unsere Herzen an: Sie sind kaum rein zu nennen. Sie sind geteilt und hin und her gerissen. Sie sind voller Angst und Aggression. Darum wissen wir nicht, wovon wir leben und was wir tun sollen. Wir sind verwirrt. Darum schauen wir Gott nicht. Wir lieben nicht von ganzem Herzen und suchen Gott nicht mit ganzem Herzen: alles ist halbherzig und meistens geteilt bei uns. Wir klagen uns an und rechtfertigen uns selbst. Und das Schlimmste: wenn uns unser Herz verklagt, dann wissen wir nicht mehr, daß Gott größer ist als unser Herz. Darum verklagen, beklagen und anklagen wir so viel. Advent 1974: Erwartung des Kommens Christi: Wir können unser Herz öffnen, damit es rein wird in der Schönheit des Herrn und fest wird in der Hoffnung und fröhlich wird in seinem Fest. »Selig

sind, die reinen Herzens sind, denn sie werden Gott schauen«, heißt es. Aber die Umkehrung ist auch wahr: Wer Gott in Christus anschaut, der bekommt ein reines Herz.

Wer wird also auf den Berg des Herrn gehen? Ich möchte den Psalm anders lesen, als er zu lesen steht: Wer schuldige Hände hat und von den zuvorkommenden Händen Christi ergriffen ist, der wird gehen. Wer wird an seiner heiligen Stätte stehen? Ich möchte antworten: Wer ein unreines Herz hat, das in der Schönheit seiner Gnade klar und fröhlich geworden ist, der kann bestehen. Wer sind die Kinder der Zukunft? Ich möchte antworten: Die von Herrschaft und Herrschaftsträumen lassen, die keine Siege haben und keine Siege wollen, sondern sich selbst und ihre Einrichtungen öffnen in der schöpferischen Empfänglichkeit gegenüber dem, was göttlich ist, gegenüber dem, was menschlich ist, und gegenüber dem, was natürlich ist. Sie sind die Erben seiner Zukunft.

Macht die Tore weit – damit der Herr der Herrlichkeit einziehe: mit Gnade für die Bittenden und Schönheit für die Häßlichen.

Macht die Türen in der Welt hoch, in dieser Stadt, dieser Universität, dieser Gesellschaft, daß der Herr der Herrlichkeit einziehe: mit Gerechtigkeit für jedermann und Frieden für alle. Solche Offenheit des Herzens ist schön, und solche Offenheit der Gesellschaft ist liebenswürdig. Sie macht das Leben lebendig, empfänglich und bereit. Sie macht die Erde bewohnbar. Sie kostet aber viel: Wer sich öffnet, wird verwundbar. Wer vertraut, kann enttäuscht werden. Eine offene Gesellschaft muß mit ihren Feinden leben und sie leben lassen. Aber sich zu verschließen, sich zu verstocken und mit geballten Fäusten zu leben, wäre doch wie nicht mehr zu leben, wäre wie eine Erstarrung bei lebendigem Leibe. Eine geschlossene Gesellschaft wäre eine tote Gesellschaft, ohne jede Zukunft. Sie würde nur den Tod verbreiten und an sich selbst zugrunde gehen. Sie hätte keine Feinde mehr, aber auch keine Freunde. Die Offenheit der Liebe und der Raum des Vertrauens sind das Schönste im Leben, wo sie uns begegnen und wo wir sie geben können. Sie werden uns möglich gemacht und sind uns schon eingeräumt durch die Schönheit des kommenden Gottes, der in seiner Passion die Wunden, Schmerzen und Enttäuschungen der Liebe auf sich nahm, um uns für seine Zukunft zu öffnen. Er lockt uns aus dem Rachen der Angst in weiten Raum, wo keine Bedrängnis mehr ist.

Wer ist der König der Ehren?

Er ist der Herr, stark in seiner Liebe und mächtig in seiner Hingabe, der Herr, schön in seinem Entgegenkommen. Seine Schönheit wird die Welt erlösen.

Helmut Claß

8. Dezember 1974

Psalm 139, 1–12.23.24: Ein Psalm Davids, vorzusingen. Herr, du erforschest mich und kennest mich.
Ich sitze oder stehe auf, so weißt du es; du verstehst meine Gedanken von ferne.
Ich gehe oder liege, so bist du um mich und siehst alle meine Wege.
Denn siehe, es ist kein Wort auf meiner Zunge, das du, Herr, nicht schon wüßtest.
Von allen Seiten umgibst du mich und hältst deine Hand über mir.
Diese Erkenntnis ist mir zu wunderbar und zu hoch, ich kann sie nicht begreifen.
Wohin soll ich gehen vor deinem Geist, und wohin soll ich fliehen vor deinem Angesicht?
Führe ich gen Himmel, so bist du da; bettete ich mich bei den Toten, siehe, so bist du auch da.
Nähme ich Flügel der Morgenröte und bliebe am äußersten Meer,
so würde auch dort deine Hand mich führen und deine Rechte mich halten.
Spräche ich: Finsternis möge mich decken und Nacht statt Licht um mich sein,
so wäre auch Finsternis nicht finster bei dir, und die Nacht leuchtete wie der Tag. Finsternis ist wie das Licht.
Erforsche mich, Gott, und erkenne mein Herz; prüfe mich und erkenne, wie ich's meine.
Und sieh, ob ich auf bösem Wege bin, und leite mich auf ewigem Wege.

Nun haben wir es uns wieder zugesprochen und zugesungen: Es ist Advent – Gott ist im Kommen! Wir können uns nicht eindringlich genug daran erinnern lassen, daß Gott unterwegs ist. Unterwegs zu seiner Welt. Zu seiner Menschheit. Zu jedem Menschen. Getrieben von seiner Menschen suchenden und deshalb alle Grenzen überschreitenden Liebe. Sie sucht so lange, bis sie gefunden hat.

Es ist *Gott,* der kommt. Nun weiß ich freilich nicht, ob in diesem Gottesdienst vornehmlich solche Menschen da sind, für die Gott ein erfreuliches Wort ist. Ein Wort, das sie sich gerne sagen lassen und das sie auch gerne anderen weitersagen, weil sie damit gute Erwartungen und starke Hoffnungen verbinden. Oder ob die Mehrzahl von Ihnen sich am liebsten die müde und skeptische Frage zu eigen macht: »Gott – wer ist das eigentlich?«, weil Gott für sie in weite, kaum mehr erreichbare Fernen gerückt ist.

Doch wie dem auch sei: Der Gott, dessen Ankunft in diesem Gottesdienst angesagt werden soll, kommt als Kind zu uns. Und zwar als jüdisches Kind. Leider besteht gegenwärtig Anlaß, darauf wieder mit einigem Nachdruck hinzuweisen. Sicher, es war nicht nur ein jüdisches Kind. Es kam keineswegs nur zu seinem Volk, sondern durch sein Volk zu allen Völkern. Deshalb wurde es auch von Anfang an »Herr« (Lukas 2, 11) genannt – ganz uneingeschränkt »Herr«, ohne Wenn und Aber. Und deshalb haben Künstler wie Albrecht Dürer dieses Kind immer wieder dargestellt, wie es in seiner Hand die Weltkugel trägt.

Es ist sehr gut, ja es ist im Vollsinn des Wortes lebensnotwendig, daß der Herr unsere Welt trägt. Würde der Mensch sie ihm entwinden und selber in die Hand nehmen wollen, sie wäre ihm zu schwer. Und wenn alle Menschenhände zusammen sie tragen wollten, auch ihnen wäre sie zu schwer. Und die Folgen wären unvorstellbar. Aber der Herr gibt seine Welt nicht aus der Hand. Er hat ein Recht an sie, an alle Menschen, zu jeder Zeit. Das Recht des Liebens und Erbarmens Gottes.

Daran sollten wir denken. Das sollten wir wahr sein lassen.

Damit sollten wir fest rechnen. Denn – ohne jetzt eine Panikmache zu betreiben oder auch nur den Versuch einer christlichen Geschichtsphilosophie machen zu wollen, so viel darf man, muß man doch sagen: Allem Anschein nach ist die Zeit von 1945 bis 1973 eine nun abgeschlossene Phase unserer Geschichte. Mit dem Jahr 1974 hat ein neuer Abschnitt, nicht nur unserer deutschen, nicht nur unserer europäischen, sondern der Menschheitsgeschichte begonnen. Die kommenden 18 Monate werden wohl die kritischste Zeitspanne seit dem Ende des Zweiten Weltkrieges werden. Ich kann und will jetzt nicht von den erheblichen Belastungen und tiefen Erschütterungen reden, die die Öl-, die Nahrungsmittel- und die Finanzkrise auslösen, die die Verhältnisse auf dem Planeten Erde erheblich verändern werden. Ich möchte nur noch einmal darauf aufmerksam machen: Die Welt, diese unsere Welt, in der wir als Christen uns zu bewähren haben, ist und bleibt in der Hand ihres und unseres Herrn. Darum dürfen wir – um Christoph Blumhardt zu zitieren – »nie, nie mehr zugeben, daß die Welt nicht nur in Gottes Hand ist; und wo wir eine Hand sehen, die nicht Gottes Hand ist und die Gewalt übt, da wollen wir sie abhauen und sagen: Du hast hier nichts zu tun! Einer ist Herr und keine zwei; die Wahrheit ist Herr und nicht die Lüge, die Gerechtigkeit ist Herr und nicht die Sünde, die Seligkeit ist Herr und nicht die Verdammnis; nur Einer ist Herr und alle andere Gewalt hört auf.« Das zu buchstabieren und zu praktizieren, wird die wichtigste Aufgabe der Christenheit im kommenden Jahr sein.

Freilich – ich höre hier den Einwand: Wenn künftig alles, schlechterdings alles darauf ankommen wird, daß der Herr zu seiner Welt kommt, sie in seiner Hand behält und sie dadurch vor der Selbstzerstörung bewahrt, was soll dann dieser Predigttext, in dem es von Anfang bis Ende um das persönliche Verhältnis eines Menschen zu seinem Herrn geht? Die Antwort lautet: Gott hat es nie nur mit der Welt, sondern immer auch mit dem Einzelnen zu tun.

In den letzten Jahren hat sich unsere Evangelische Kirche einige Mühe gemacht, ihren oft beklagten »Weltverlust« aufzuholen.

Ich erinnere nur an die Vielzahl der sogenannten »Denkschriften« der EKD. Außerdem wurde in zahllosen Predigten der Ruf Blumhardts aufgenommen: »Brüder, vergeßt es nicht, die Welt ist Gottes!« In vielen Akademietagungen wurde deutlich gemacht, wie sehr der Mensch – ob er will oder nicht – in gesellschaftliche Zusammenhänge hineinverflochten ist. Nun scheint es mir aber hohe Zeit zu sein, wieder den Blick für den Einzelnen mit seinem einzigartigen Schicksal und mit seinen unverwechselbaren Gaben und Aufgaben zu schärfen. Um ein Bild zu gebrauchen: Es war nicht gut, daß wir lange Zeit vor lauter Bäumen den Wald nicht mehr gesehen haben; deshalb hat man uns mit Recht den Wald gezeigt. Andererseits wäre es genau so wenig gut, wenn wir vor lauter Wäldern die einzelnen Bäume nicht mehr sehen würden. Denn die einzelnen Bäume machen eben den Wald aus. Die vielen Einzelnen bewirken das Ganze.

Dieser Tage las ich irgendwo einen zwar wenig schönen, aber wahren Satz: »Geänderte menschliche Natur ist der Rohstoff für eine neue Weltordnung.« Wenn es tatsächlich im rasch zu Ende gehenden 20. Jahrhundert um so etwas wie eine neue Weltordnung geht, damit die Menschheit eine Überlebenschance hat, dann bedarf es geänderter, verwandelter, erneuerter Menschen. Wie aber soll das zugehen? Genau darum geht es in unserem heutigen Psalm.

Hier beginnt einer, indem er »Herr – Du« sagt. Wer dies tut, der betet. Er rechnet also damit, daß der Herr, der die Welt in seiner Hand trägt, sich ansprechen läßt, sich auf einen Dialog einläßt. Dabei mag es diesem Mann aus dem 139. Psalm so ergangen sein wie jenem Beter, von dem Kierkegaard einmal berichtet: »Als sein Gebet immer andächtiger und immer innerlicher wurde, da hatte er immer weniger zu sagen. Zuletzt wurde er ganz still. Ja, was womöglich ein noch größerer Gegensatz zum Reden ist, er wurde ein Hörer. Er meinte erst, beten sei reden. Er lernte, daß beten nicht bloß schweigen ist, sondern hören. So ist es. Beten heißt nicht, sich selbst reden hören, beten heißt stille werden und stille sein und harren, bis der

Betende Gott hört.« Wer so betet, der wandelt sich. Bei dem wird Neues. Der kann einen Beitrag zu jener Weltordnung geben, von der ich vorhin sprach.

Oder ist das vielleicht doch jene »Flucht in die Innerlichkeit«, in die »Transzendenz, ins Emotionale und Irrationale«, über die in den letzten Jahren so viel Klage geführt wurde? Kürzlich hörte ich in Ost-Berlin folgendes: 150 Jugendliche hatten sich für drei Tage vom Frühstück bis zum Nachtgebet im Schweriner Dom versammelt. Die jungen Menschen hockten, saßen und knieten um ein großes Licht herum auf dem Fußboden im Altarraum. Die Gemeindeglieder waren durch einen Aushang eingeladen worden, am Morgen- und am Abendgebet und an der mittäglichen Abendmahlsfeier teilzunehmen. In dem Gebet, das die Gruppe hielt, wurden oft lange Zeit hintereinander abwechselnd Fürbitten oder auch nur Namen vorgetragen, die die Gesamtheit mit einem gesungenen Kyrie eleison aufnahm. Neben Griechisch und Deutsch waren Polnisch, Russisch und Ungarisch zur selbstverständlichen Gebetssprache geworden. Am letzten Tag trug jeder, der vom Abendmahlstisch kam, seinen Namen auf einem großen Tuch ein. Was hier geschehen ist, war sicher weder eine Entweihung des Schweriner Doms noch ein unerlaubter Weltverzicht. Mir scheint, hier wurden junge – und ganz gewiß auch erwachsene – Menschen gewandelt und befähigt, daß durch sie ein Neues werden kann.

Wer »Herr – Du« sagt, muß freilich damit rechnen, daß er ent-deckt wird. Rollenspiel ist dann ebenso zu Ende wie Maskerade. Der geläufige Grundsatz: »Mehr scheinen als sein« hört dann ebenso auf wie die Worte, die dazu da sind, die Gedanken des Menschen zu verbergen. »Herr, du erforschest mich und kennst mich. Meine Gedanken durchschaust du von ferne. Du bist vertraut mit allen meinen Wegen. Noch liegt mir kein Wort auf meiner Zunge. Du, Herr, kennst es bereits.«

In unseren Tagen mühen sich viele, sich selber zu entdecken. Das ist begreiflich. Man sollte viel besser wissen, woran man mit sich selber ist, wie man auf andere wirkt. Völlig zu Recht. Es gäbe dann sicher weniger Mißverständnisse und Aggressionen. Darum nichts gegen die Selbst-erkenntnis, Selbst-besinnung, Selbst-erfahrung, Selbst-verwirklichung. Aber ist es nicht so, daß manche dieser Versuche, sich selber zu entdecken, enden in einer falschen Sicherheit oder in einer vermehrten Unsicherheit, weil sie nicht einmünden in das Gespräch eines Menschen mit Gott? Offensichtlich kommt der Mensch zu sich selber letztlich nur über Gott, über das Gespräch mit ihm über sich. Dieses Gespräch wird dann ein rückhaltlos offenes, aber sehr barmherziges Gespräch sein. Hier wird nicht mehr die Vergangenheit aufgehellt, die Ursachen für das Fehlverhalten aufgezeigt, das ganze zerrissene Wesen eines Menschen aufgedeckt. Hier wird nicht gefragt: »Wer bist du, Mensch?« Hier wird vielmehr gefragt: »Wo bist du, Mensch?« Und das ist die große barmherzige Frage Gottes: »Weißt du, daß ich dich von vorn und von hinten umschlossen halte und daß meine Hand auf dir liegt? Gib doch deine Umwege und Auswege, deine Irrwege und Abwege auf. Nimm deinen Platz ein, den ich dir zugedacht habe. Er ist bei mir unter meinen Augen, zu jeder Stunde, in jeder Lage. Mit allem, was du bist und hast, bist du eingeladen, in meiner Gegenwart zu leben.«

Wer diese Einladung angenommen und seinen Platz vor Gott unter Gott eingenommen hat, bei dem verändert sich manches. Ich nenne nur eines: Er wird zu einem Menschen, vor dem man keine Angst zu haben braucht. Sogar die nicht, die an ihm schuldig geworden sind. Ich erinnere an die Aufforderung Josephs an seine Brüder in Ägypten, die sich ihm gegenüber einst schmählich verhalten hatten, nun aber ihm ausgeliefert waren: »Fürchtet euch nicht, denn ich bin unter Gott.«

Es wird künftig noch mehr als bisher darauf ankommen, daß in unserer Welt der wachsenden Unsicherheiten und Spannungen, der vermehrten Ängste und Zwänge, der zunehmenden Eskalation der Gewalt, Menschen leben, vor denen man keine Spur von Angst zu haben braucht, zu denen man aber bedingungsloses Zutrauen haben kann.

Sicher muß nun noch ein Einwand bedacht werden. »Du hältst mich umschlossen und legst deine Hand auf mich.« Ist das nicht eine zusätzliche, unerträgliche Einengung? Kommt in dieser immer kleiner und enger werdenden Welt nun auch noch eine innere Einschnürung, ein Leben in einer geistigen Zwangsjacke? Wir brauchen uns solcher Befürchtungen wahrhaftig nicht zu schämen. Jener Beter des 139. Psalms kannte sie sehr genau. Er hat offensichtlich die Möglichkeit einer Flucht vor Gott, eines Sich-Entwindens aus der Hand Gottes durchgedacht. Heute nennt man das Emanzipation, ein Fremdwort, das ich in diesem Zusammenhang etwas frei übersetze: sich der Hand Gottes entwinden. Allerdings hat er diese Möglichkeit nicht verwirklicht. Weshalb? War das nur wieder einmal das tragische Wechselspiel von Auflehnung und Verzicht, von Rebellion und Resignation, von Widerstand und Ergebung? Oder war es etwas ganz anderes, nämlich die Erfahrung, daß bei Gott Enge in Wahrheit Weite ist, das Umschlossensein von seinen Armen Geborgenheit schafft und die lastende Hand des Herrn in Wahrheit segnet, bewahrt und ins Freie führt? Daß diese Deutung richtig ist, ergibt sich aus dem Schluß des Psalms. Hier entscheidet sich jener Beter – und zwar völlig freiwillig! – für ein Leben vor Gott, unter Gott im Macht- und Wirkungsbereich seines Erbarmens. »Erforsche mich, Gott, und erfahre mein Herz; prüfe mich und erfahre, wie ich's meine. Und siehe, ob ich auf bösem Wege bin und leite mich auf ewigem Wege.« Wer so spricht, der lebt nicht mehr von lauter nicht vollzogenen Entscheidungen her. Der gehört vielmehr zu jenen geänderten, verwandelten, erneuerten Menschen, die künftig mehr als alles andere gebraucht werden, wenn es um jene neue Weltordnung geht, die noch einmal eine Chance des Überlebens für die Menschheit bieten soll bis auf den letzten Tag, an dem Gott der Menschheitsgeschichte einen Punkt setzen wird, den kein Mensch, kein Engel und kein Teufel in einen Doppelpunkt umfälschen kann.

Otto Michel

15. Dezember 1974

Gnade sei mit uns von Gott unserem Vater und unserem Herrn Jesus Christus.
An mir und meinem Leben ist nichts auf dieser Erd. Was Christus mir gegeben, das ist der Liebe wert.

Psalm 73:
»Ein Psalm Asaphs. Israel hat dennoch Gott zum Trost, wer nur reines Herzens ist. Ich aber hätte schier gestrauchelt mit meinen Füßen; mein Tritt wäre beinahe geglitten. Denn es verdroß mich der Ruhmredigen, da ich sah, daß es den Gottlosen so wohl ging. Denn sie sind in keiner Gefahr des Todes, sondern stehen fest wie ein Palast. Sie sind nicht in Unglück wie andere Leute und werden nicht wie andere Menschen geplagt. Darum muß ihr Trotzen köstlich Ding sein, und ihr Frevel muß wohl getan heißen. Ihre Person brüstet sich wie ein fetter Wanst; sie tun, was sie nur gedenken. Sie achten alles für nichts und reden übel davon und reden und lästern hoch her. Was sie reden, das muß vom Himmel herab geredet sein; was sie sagen, das muß gelten auf Erden. Darum fällt ihnen ihr Pöbel zu und laufen ihnen zu mit Haufen wie Wasser und sprechen: »Was sollte Gott nach jenen fragen? Was sollte der Höchste ihrer achten?« Siehe, das sind die Gottlosen; die sind glückselig in der Welt und werden reich.
Soll es denn umsonst sein, daß mein Herz unsträflich lebt und ich meine Hände in Unschuld wasche und bin geplagt täglich, und meine Strafe ist alle Morgen da? Ich hätte auch schier so gesagt wie sie; aber siehe, damit hätte ich verdammt alle deine Kinder, die je gewesen sind.
Ich dachte ihm nach, daß ich's begreifen möchte, aber es war

mir zu schwer, bis daß ich ging in das Heiligtum Gottes und merkte auf ihr Ende. Ja, du setzest sie aufs Schlüpfrige und stürzest sie zu Boden. Wie werden sie so plötzlich zunichte! Sie gehen unter und nehmen ein Ende mit Schrecken. Wie ein Traum, wenn einer erwacht, so machst du, Herr, ihr Bild in der Stadt verschmäht. Da es mir wehe tat im Herzen und mich stach in meinen Nieren, da war ich ein Narr und wußte nichts; ich war wie ein Tier vor dir. Dennoch bleibe ich stets an dir; denn du hältst mich bei meiner rechten Hand, du leitest mich nach deinem Rat und nimmst mich endlich mit Ehren an. Wenn ich nur dich habe, so frage ich nichts nach Himmel und Erde. Wenn mir gleich Leib und Seele verschmachtet, so bist du doch, Gott, allezeit meines Herzens Trost und mein Teil.

Denn siehe, die von dir weichen, werden umkommen; du bringest um alle, die von dir abfallen. Aber das ist meine Freude, daß ich mich zu Gott halte und meine Zuversicht setze auf den Herrn Herrn, daß ich verkündige all dein Tun.

Herr, tue meine Lippen auf, daß mein Mund deinen Ruhm verkündige! Amen.

Vielleicht darf ich mit Paulus sagen: »Nehmt meine Torheit auf!« (2. Kor. 11,1) Darf ich von mir anfangen: Das ist mein Psalm; mir gegeben. Am 27. März 1918, als ich vor den Altar trat und als der alte Pfarrer H. Niemöller mir zunickte und dann sagte: »Wenn ich nur dich habe, so frage ich nichts nach Himmel und Erde«, und damit meinen Namen vor der Gemeinde aufrief. Ich nahm das Wort hin wie ein Sakrament. Es sollte bei mir sein mein ganzes Leben lang. Aber das Wort redete, und es war nicht ein Zettel, auf dem ein Vers stand. Das Wort sagte: »Du mußt das ganze Psalmwort von Anfang an lesen!« Ich darf es nicht machen wie manche Christen, die nach den dicken Buchstaben in der Bibel schauen und in dem Abschluß nur das lesen: »Wenn ich nur dich habe, so frage ich nichts nach Himmel und Erde«, und dann sagen: Das Übrige ist eben Altes Testament. Es kommt mir immer vor, wie wenn man in des Nachbars Garten geht und da die Äpfel herunterholt, die man nicht gepflegt hat; die Bäume, die man nicht in die Erde gesteckt hat, läßt man beiseite, aber die Äpfel, die man vom anderen nimmt, nimmt man gern für sich in Gebrauch. Das sind die Menschen, die die dick gedruckten Verse in der Bibel lesen.

Nein, ein Psalm wie Psalm 73 fängt mit dem ersten Vers an: »Israel hat dennoch Gott zum Trost.« Israel: Also mußte ich lernen, eine Israelexistenz in der Kirche zu führen; lernen, daß die Kirche Jesu Christi das geistliche Israel, das Israel Gottes, ist. Ich mußte lernen, daß dazugehört: »die nur reines Herzens sind« (Ps. 73,1). Da ging mir auf, daß der erste Vers mit den Seligpreisungen offenbar zusammenhängt (Matth. 5,8) und daß der Abschluß: »Wenn ich nur dich habe« die Vorlage gewesen ist für das große Lied des Paulus: »Denn ich bin gewiß, daß weder Tod noch Leben, weder Engel noch Fürstentümer noch Gewalten ... mag uns scheiden von der Liebe Gottes« (Röm. 8,38 f.). Das ist das Letzte: die Liebe Gottes, die Paulus hier zu diesem Psalm hinzufügt. Aber der Psalm spricht nicht von der Liebe Gottes, denn Israel fängt nicht mit der Liebe Gottes an. Israel fängt an: »die reines Herzens sind« – also mit der Wahrheit, mit der Gerechtigkeit, mit dem Frieden, mit der Barmherzigkeit, und dann, dann lernt es langsam zu sagen: Liebe Gottes. Nicht wie manche Christen, wenn sie oberflächlich sind, die wieder in des Nachbars Garten gehen und nur die Liebe Gottes von den Bäumen schütteln wollen. O nein, das entspricht nicht der Erziehungsgeschichte Gottes mit seinen Menschen. Mit Israel, mit dir und mir geht's genau so vom Alten Testament ins Neue: Wahrhaftigkeit, Gerechtigkeit, Barmherzigkeit und Frieden. Das sind die messianischen Konturen des Alten Testaments (Jes. 9,6), und das Neue Testament verwahrt sie. Dann darfst du lernen, von der Liebe Gottes zu leben. Wir werden noch davon zu reden haben.

Ja, wovon soll ich anfangen? Von der Polemik natürlich, denn dieser Psalm ist stark polemisch. Manchmal werden wir mit dieser Aufgabe besonders zu tun haben: die polemischen Strukturen des AT kennenzulernen. Die Menschen, die sich brüsten, die Menschen, die reich sind, die Menschen, die die große Freiheit haben, das, was sie in ihrem Kopf beschließen, auch auszuführen; andere können das nicht. Die Menschen, die ihrem Sprechen Autorität verleihen: Was sie sagen, das muß vom Himmel her geredet sein, und welche die falsche Vergeistigung haben: »Um den Einzelnen, um den kleinen Frommen, der da betet, kümmert sich der große Gott nicht«, und von ihnen sagt der Beter unseres Psalmes, Psalm 73: »So sind die *Gottlosen.*« Israel ist zusammengewachsen aus Gruppen, aus Familien, aus Stämmen, bis es ganz spät zum Staat wurde. Israel war aber in einem langen Weg eine Einheit geworden. Hier brach, vielleicht in der hellenistischen Zeit, die Einheit Israels wie vorher im politischen Leben auch geistig auseinander. Das soll ja auch in anderen Völkern vorkommen. Zunächst bricht die politische Einheit auseinander, dann die geistige Einheit und zuletzt die religiöse Einheit. Das Auseinanderbrechen der politischen Einheit, der geistigen Einheit und der religiösen Einheit ist unvermeidlich gewesen in dieser Zeit. Und nun ist im Tiefsten, in dieser Israelexistenz, das schmerzlichste gewesen, daß der Fromme ein Einzelner geworden ist, ein Verlassener, ein Mensch, den man allein gelassen hat.

Nun möchte ich von den Menschen reden, die man allein gelassen hat. Manchmal steht mir eine Szene vor Augen: Als Günther Dehn von der Studentenschaft 1931 boykottiert wurde und als dann seine Kollegen ihn verließen, habe ich eines Nachmittags mit meiner Frau ihn besucht. Die Straßen waren still, das Haus war still. Er war sehr erstaunt, als ich zu ihm kam und ruhig mit ihm redete. Und ich verließ ihn und ging durch die stille Straße Halles. Auf einmal rannte ein Mann hinter mir her – ich drehte mich um. Es war Günther Dehn, der Verlassene. Er keuchte vom Rennen und stand vor mir, der große Mann, breit, eine deutsche Gestalt: »Ich wollte Ihnen danken!« Ich sage: »Wofür?« »Daß Sie gekommen sind.« Ein Mann, den die Menschen allein gelassen haben.

Ein anderes Bild. 1957: ja, ich kann die Daten noch nennen, ganz im Süden in Assuan, fünf deutsche Offiziere der Rommel-Armee, die niemals mehr zu diesem Deutschland nach 1945, das noch einmal zusammengebrochen war, zurückkehren wollten, und die ihre Eltern, ihre Frauen, ihre Kinder allein gelassen hatten, nicht zurückkehrten und nun im Wüstensand arbeiteten. Und eines Nachts trafen sie auf mich und fragten, wie es in Deutschland gehe. Und ich erzählte es, und sie waren still und hörten zu, und dann gaben sie mir die Hand und gingen wieder in die Nacht hinaus, wie so mancher unter den deutschen Soldaten, die nicht wiedergekehrt sind. Allein gelassen in der Wüste, von ihrem Vaterland allein gelassen, und sie haben dann das Vaterland allein gelassen. Denn allein gelassen bedeutet immer etwas Doppeltes, daß der eine allein gelassen wird vom anderen, und daß dann der andere die Hand zurückzieht.

Ein bißchen haben wir davon gehört am Altar: von Johannes dem Täufer. Er hängt mit diesem Psalm natürlich sehr eng zusammen. Er war auch allein gelassen von seinen Schülern, auch von Jesus von Nazareth. Sie konnten nicht in die Kerkermauern hinein, und er konnte nicht heraus. Allein gelassen. Ja, das tut weh, das Alleingelassenwerden. Es vollzieht sich, vielleicht auf politischem Gebiet, auf geistigem Gebiet oder auf dem Gebiet des Glaubensmäßigen. Wahrscheinlich hängen alle diese Dinge mit diesem Psalm, wie es im Alten Testament gewöhnlich ist, eng zusammen. Er kann mit diesen Themen nicht fertig werden, denn sie reißen eine Kluft auf zu dem lebendigen Gott, an den er geglaubt hat.

Manchmal ist es so gewesen, daß auf frommen Kanzeln, wirklich auf frommen Kanzeln, gesagt wurde: »Dann haben sie das Konfirmationswort empfangen, und dann sind sie nicht mehr in die Kirche gegangen; sie haben Gott verlassen.« Ich habe immer bei diesen frommen Pfarrern eine Angst gehabt, daß sie nur die eine Seite wußten. Und nun muß ich Euch auch die andere Seite sagen, sie hängt nämlich mit dem Psalm zusammen. Sie sprechen das fromme Bekenntnis in der Konfirmation. Und Gott ist auch in der Kirche durch die Verheißungen und das Zusprechen des Pfarrers mit ihnen. Aber dann gehen sie ins Leben, und die Wirklichkeit verschließt ihnen die Nähe Gottes. Das sagt ihnen der fromme Pfarrer nicht, daß die Wirklichkeit

des Lebens den jungen Menschen oft die Nähe Gottes verschließt.
Es gibt ja viel Verzweiflung, so wie es hier bei dem Psalmisten ist, der durchaus etwas davon weiß, daß die Wirklichkeit die Nähe Gottes verschließen kann. Es gibt wirkliches Verzweifeltwerden. Der Psalmist sagt das erschütternde Wort: »Und ich war wie ein Tier.« Die Vernunft zersprang im Kampf zwischen Wirklichkeit und Wahrheit. »Bis daß ich ging in das Heiligtum Gottes« (V. 17). Dieser Vers macht mir am meisten Schwierigkeiten; besonders macht mir der Text deshalb Sorge, weil schon die Väter gesagt haben: Übersetze nicht »Heiligtum Gottes«, sondern übersetze: »bis daß ich ging in die Geheimnisse Gottes«. Also das Heiligtum muß mit den Geheimnissen Gottes zusammenhängen. Hier möchte ich nur einen Hinweis geben und sagen: An diesem Punkt hängt wohl alles in unserem Psalm, und dieser Vers ist der schwerste; dieser Vers ist wahrscheinlich für uns Nachfahren überhaupt kaum verständlich: »Bis daß ich ging in das Heiligtum Gottes.« Das kann vielleicht der Tempel sein, wie vielleicht eine Kirche und ein Gemeindegottesdienst in unserer Zeit. Das kann vielleicht auch ein Mensch sein, der mir etwas von seinem Leben erzählt und zeigt, daß mitten in der Dunkelheit, in der Gott wohnt, ein Licht ist (1. Kön. 8,12; Jes. 60,19.20 Gottes Verheißung!).
Aber ein Heiligtum hat auch mit Dunkelheit zu tun, wie auch die Profanität mit dem Sich-Versagen der Wahrheit Gottes zu tun hat. Auch das Heiligtum hat seine Dunkelheit; Gott will im Dunkeln wohnen. In den Tempeln der Antike war es dunkel. Der Psalmist mußte in die Besonderheit dieses Dunkels hineingehen, und da erschien ihm ein Licht. Ein ganz klein wenig denke ich natürlich, wenn ich Christ bin, daran, daß auf Golgatha sehr viel Dunkelheit war, daß eine Finsternis ausbrach über das ganze Land (Mk. 15,33). Ein ganz klein wenig denke ich auch als Christ, daß Jesus sagt: Ich bin das Licht, von dem der Prophet spricht (Jes. 49,6); für die Menschen: Ich bin das Licht; wer mir nachfolgt, der wird nicht wandeln in der Finsternis, sondern das Licht des Lebens haben (Joh. 8,12).

Aber gemeint ist natürlich, daß die Nachfolge ein Hinter-ihm-hergehen ist, weil man im Geheimnis Jesu gestanden hat und nun die doppelte Dunkelheit, die Dunkelheit im Heiligtum und die Dunkelheit in der Profanität, vertragen kann, vertragen lernt.

Das Alleingelassenwerden ist das Schicksal der Menschen. Aber wie man mit dem Alleingelassenwerden umgeht, das entscheidet über Leben und Tod. Der Psalmist hat im Heiligtum bei den Geheimnissen Gottes Neues gelernt. Ich möchte es ins Moderne übertragen: von der Stetigkeit und der Unbeständigkeit. Alle, die allein gelassen werden, haben ja damit zu tun, daß etwas, was sie als stetig angesehen hatten, in Wirklichkeit unbeständig geworden ist. Daß die Reichen und daß die Ruhmredigen und daß diejenigen, die die schönsten Sprüche über ihren angeblichen Gott machen, daß sie gerade diejenigen sind, die unbeständig sind. Das hat der Psalmist in der Dunkelheit des Heiligtums gelernt. Am Kreuz Jesu lernt man das noch einmal. Die Menschen mit den großen Sprüchen sind gerade die Unbeständigen; Gott streicht sie aus. Nun weiß ich das Stetige, das Beständige. Was ist das Beständige? Gott selbst, der Lebendige. Seine Verheißung, seine Güte, seine Wahrheit, seine Barmherzigkeit, sein Friede. Das ist das Licht. Mit diesem Licht muß man umgehen lernen, denn es ist das einzige Licht, mit dem wir zu tun haben, wenn wir sterben. Vielleicht ist das eine sehr nüchterne Tatsache, daß da drüben ein Klinikzimmer auf einen Menschen wartet, eine Schwester herumgeht und abwehrt: Ich habe keine Zeit, und daß der Doktor heute einmal nicht kommt. »Wenn ich nur dich habe«, das nachsprechen lernen: dich, dich, du; dich, du allein; dich, dich, du, dich haben.

Es ist natürlich eine Vergeistigung, eine rechte Vergeistigung. Es ist natürlich eine Schulung in das Allerpersönlichste hinein, »Du leitest mich«, und dann das Schöne: Das ist meine Freude, daß ich erzählen kann, was du tust. Das ist natürlich etwas, was in besonderer Weise gelernt sein will, daß man nicht nur Empfangender ist, sondern daß man erzählen kann, was Gott tut. Sonst würde ich ja nicht hier auf die Kanzel treten können.

Man tritt ja nicht auf die Kanzel, weil man predigen will, sondern weil das eine Freude ist, daß man lernt, zu erzählen, was Gott tut.

Aber bitte nicht die christliche Verbrämung, auch nicht die christliche Humanisierung. Mitten hinein ins Bekenntnis drängt noch einmal: »Die von dir weichen, werden umkommen; du bringst um alle, die von dir abfallen« (V. 27). Es steht über dir und mir, nicht bloß über den Menschen, die draußen sind, das Gericht Gottes. Man kann polemisieren, ja, man muß polemisieren. Auf Erden ist Gott immer verborgen in seinem Frieden, mitten unter viel Streit. Das haben wir von Luther gelernt, und wir sind gute Lutheraner geblieben und wollen es bleiben. Mitten im Streit vom Frieden Gottes wissen, mitten im Du-Sprechen zu wissen: ich stehe unter Gottes Gericht und Gnade. Ich kann immer aufs Neue bedroht werden von der Unbeständigkeit der Menschen, aber ich bleibe bei ihm, dem lebendigen Gott.

Die Stetigkeit Gottes verbirgt sich noch einmal im Johannes-Evangelium, und zwar an einer Stelle, an der wir es nicht leicht finden: »Wer da lebt und glaubt an mich, der wird nimmermehr sterben« (Joh. 11,25.26). Das kommt aus diesem Psalm. Nimmermehr sterben heißt: »Du bist mein bleibendes Teil!« Nimmermehr sterben heißt: »Du allein!« Mit der Bibel muß man umgehen lernen, es ist ein langer Weg, ein Weg, auf dem man besser lernt, mit der Dunkelheit draußen fertig zu werden. Denn draußen herrscht noch immer das Grundgesetz, das Albert Schweitzer nannte: Jedes Lebewesen lebt auf Kosten eines anderen. Wie grausig! Aber es ist so.

Mitten in dieser Dunkelheit mit der Bibel umgehen zu lernen, mitten in der Dunkelheit eines Heiligtums das Licht zu sehen, das will in der Erziehung Gottes durch die Bibel gelernt sein. Ein ganz klein bißchen haben wir in diesen Tagen von der Stetigkeit Gottes in einem ganz konkreten Fall gelernt. Da war eine kleine Frau in Tübingen, die jahrelang gebraucht hat, um festzustellen, wer in den Konzentrationslagern umgebracht worden ist – ihre Namen, ihre Geschichte, weil Gott diese

Namen nicht vergessen hat; das heißt Glaube an die Stetigkeit Gottes. Gott vergißt nichts; das ist die Verheißung des Psalms. Das Nichtbeständige hängt mit allem zusammen, was nicht aus Gott kommt. Darum ist es gut zu lernen: »Du, du; dich, dich.« »Ich will erzählen alles, was du tust.« Amen.

Und der Friede Gottes, welcher höher ist denn alle Vernunft, bewahre unsere Herzen und Sinne in Christus Jesus. Amen.

Dietrich Rössler 12. Januar 1975

De profundis

Psalm 130:
Aus der Tiefe rufe ich, Herr, zu dir.
Herr, höre meine Stimme, laß deine Ohren merken auf die Stimme meines Flehens!
So du willst, Herr, Sünden zurechnen, Herr, wer wird bestehen?
Denn bei dir ist die Vergebung, daß man dich fürchte.
Ich harre des Herrn; meine Seele harret, und ich hoffe auf sein Wort.
Meine Seele wartet auf den Herrn von einer Morgenwache bis zur anderen.
Israel, hoffe auf den Herrn! Denn bei dem Herrn ist die Gnade und viel Erlösung bei ihm,
und er wird Israel erlösen aus allen seinen Sünden.

Die Tiefe ist der Ort des Menschen. Seit der Psalmist diese Formel gefunden hat, ist sie zu allen Zeiten wiederholt und bestätigt und variiert worden. Wir leben – aus keinem anderen Grund, als weil wir Menschen sind, in profundis.

Aber wer in der Tiefe lebt, der will nach oben. Der Mensch strebt nach Höherem. Und an dem, was einer für die Höhe hält, da zeigt sich, welche Art von Tiefe es ist, der er entkommen möchte. Denn die Tiefe ist ja ein Bild. Und ein Bild steht immer für vieles und zumeist für mehr, als man denkt. Die Tiefe ist das Bild für die Begrenzung, die Einschränkung, die Unzulänglichkeit. Tief sind Gruben und Schächte, tief ist, zumal für den alttestamentlichen Beter, das Meer, und tief vor allem ist das Tal, dessen Wände steil und hoch und unübersteigbar sind. Der Mensch, der in der Tiefe lebt, lebt eingeschlossen und gefangen. Vom Himmel sieht er wenig mehr als der Häftling durch das Fenster seiner Zelle. Oscar Wilde hat seinem Bericht über die Jahre, die er im Zuchthaus verbracht hat, die Überschrift gegeben: De profundis. Und das ist seit altersher ein gültiges Bild für die Tiefe: Die Menschen leben im Kerker!

Es sind oft die schönsten Schlösser, die ein solches Verlies haben, mit einer Öffnung nur weit und unerreichbar oben. Für viele Menschen ist das nicht einmal ein Bild. Für sie ist es eine harte und nur allzuoft tödliche Realität: Sie sind gefangen, eingesperrt, verhaftet. Und so eindeutig wie ihre Gefangenschaft ist auch ihre Freiheit: Die Freiheit ist oben, jenseits der Luke, draußen, bei den anderen, bei uns. Aber es gibt andere Verliese: Die Kerker der Vorurteile und der Angst und das Verlies aus Haß, in dem man wohl verlorener und verlassener ist als irgendwo sonst. Gibt es auch dafür Befreiung?

In der Tiefe freilich leben auch die Kinder. Sie müssen nach oben schauen, wenn sie uns sehen wollen, und den Kopf in den Nacken legen. Denn hier oben, bei uns, da fallen die Entscheidungen. Und deshalb ist es natürlich und selbstverständlich, daß die Kinder sich wünschen und sich vorstellen, später einmal dabei mitzumachen – und zwar richtig: als Lokomotivführer oder als General. Und bei nicht wenigen bleibt es dabei und hält sich durch: Sie mögen inzwischen einem ganz anderen Beruf nachgehen und etwa Studenten geworden sein oder zum Lehrkörper an der Universität gehören und sie mögen dann ansehnlich und also respektiert und respektabel mit ihrer Wissenschaft umgehen: Unverkennbar schaut einen doch der Lokomotivführer an, der den Zug des Fortschritts lenkt, ganz vorne, Auge in Auge mit dem Horizont, oder der General, der sich mit Ruhm bedeckt, weil er befiehlt, indem er verwaltet.

An der Höhe, liebe Gemeinde, auf die einer will, erkennt man die Tiefe, aus der er kommt. Auf dem weichen Boden hoch oben stapeln sich die Wünsche, die Träume, die Hoffnungen, die Ideale – eine bunte Sammlung, die auf den Aufstieg ihrer

Besitzer aus der Tiefe wartet. Sie ist freilich weniger bunt, als man meint. Dem einen reicht es, auf die Höhe zu kommen, auf der andere schon sind. »Dabeisein« heißt die Parole, »in« und nicht »out«, dort, wo etwas geschieht, wo das wirkliche Leben und das Leben wirklich pulsiert, im Jet-Set der Parties oder der Konferenzen. Für andere dagegen muß die Höhe noch etwas höher sein: Gerade so, daß der Rest unten ist und darunter bleibt. Die Höhe schafft dann klare Verhältnisse für die Lust an der Macht – an der Macht in der Institution, an der Macht des Wissens oder auch nur an der Macht der nackten Gewalt. Noch andere wiederum wollen weit höher hinaus: Sie sind erst oben, wenn sie jenseits der Wolken sind, unter einem stets ungetrübten Himmel, wo es weder den Nebel der Probleme noch den Dunst der Konflikte oder die Gewitter der Widersprüche gibt, Eindeutigkeit: Das reine Glück der Gipfelhöhe.

Haben sie nicht recht? Haben nicht alle recht, die nach oben wollen – jeder auf seine Weise und selbst dann, wenn irgendwo immer auch ein bißchen Unrecht dabei ist?

Aber nicht dies ist fraglich. Zu fragen ist vielmehr, ob denn alle, die nach oben wollen, wirklich wissen, was sie verlassen, ob der, der den Aufstieg sucht, tatsächlich begriffen hat, was das heißt: in den Tiefen zu wohnen. Tief ist nicht nur das Meer oder das Tal oder das Gefängnis. Tief ist die Trauer und die Leidenschaft, tief sind – mitunter – die Gedanken, tief ist das Leiden der Menschen und tief ist vor allem die Wahrheit. Die Tiefe ist nicht nur ein Bild für den Ort des menschlichen Lebens, sondern für dieses menschliche Leben selbst, dafür, wie es gelebt wird und wie nicht.

Eine solche Tiefe hat das Leben für den Menschen nicht von selbst. Im Gegenteil. Das alltägliche Leben bleibt an der Oberfläche. Und zwar mit Recht! Man kann nicht immer wesentlich sein. Die trivialen und selbstverständlichen Angelegenheiten bedürfen der unaufdringlichen Regelung, nicht einer ständigen Diskussion. Die sozusagen vegetative Seite des Lebens läuft entweder von allein oder sie läuft gar nicht. Man kann das an den Narben unserer Institutionen studieren. Aber was es mit dieser Oberfläche auf sich hat, das weiß nur der, der auch die Tiefe kennt. Sonst läuft er Gefahr, beides zu verwechseln.

Wer die Tiefe sucht, muß dem Leben auf den Grund gehen. Das tut, beispielsweise, die Wissenschaft. Die wissenschaftliche Neugierde besteht darin, sich mit keiner Antwort zufrieden zu geben. Sie besteht darin, alles und jedes, was als Ursache auftritt, noch für eine Wirkung zu halten und also weiter zu fragen nach dem, was die Ursachen verursacht. Dieser Weg auf den Grund der Dinge gibt zu erkennen, was in der Welt das eigentlich Praktische ist: daß nicht das Machen die Geschichte bewegt, sondern das Denken; daß nichts auf den Dächern gepredigt wird, was nicht in der stillen Kammer stiller Gedanke gewesen ist; daß solche Gedanken Geschichte machen, und daß vor aller Tat der Geist ist, aus dem heraus sie getan wird. Eben die Wissenschaft lehrt, wie blind der Aktionismus sein kann und wie bewußtlos ein Handeln ist, das sich seines Grundes im Denken nicht ständig versichert. Sie lehrt, daß nicht das Gemachte und Machbare den Geist der Epoche bestimmen, sondern allein die Gesinnung, aus der heraus es geschieht.

Aber wie steht es mit dieser Gesinnung? Können wir zufrieden sein? Zufrieden mit den Gedanken, von denen die Welt unserer Tage regiert wird, zufrieden mit der Gesinnung, die sie gestaltet? Können wir dem, was aus unserem Sinn und aus unserem Geist zu unserer Zeit gemacht wird, gegenübertreten und sagen: Siehe, es ist sehr gut? Je mehr wir in die Tiefe steigen und den Dingen auf den Grund gehen, um so deutlicher wird uns das vor Augen treten, was wir schuldig geblieben sind. Und das gilt wie für die Gedanken der Zeit auch für das eigene Herz.

Wer es unternimmt, sich selbst auf den Grund zu gehen, der trifft gewiß auf vieles, das sich sehen lassen kann. Jeder ist auf seine Weise auch respektabel, jeder hat etwas vorzuweisen. Aber je tiefer man kommt, desto weniger zählt das einzelne, das man für sich genommen noch wohlgefällig betrachten könnte. Je weiter man sich auf den Grund geht, um so zweifelhafter wird man sich selbst. Und zwar nicht, weil es an gutem Willen gefehlt hätte. Das gerade nicht. Der gute Wille ist weltweit verbreitet. Wir haben es bei den tagtäglichen und öffentlichen Bekundungen des guten Willens ja keineswegs nur mit absurder Heuchelei zu tun. Zweifelhaft wird man sich angesichts der Entdeckung, wie wenig dieser gute Wille ausrichtet, wie sehr wir verstrickt sind in unlösbare Zwänge, festgehalten hinter unüberwindlichen Barrieren, eingesperrt in die Gefängnisse aus Vorurteilen, Ängsten und Haß: »Das Gute, das ich will, das tue ich nicht, aber das Böse, das ich nicht will, das tue ich.« Das findet, wer sich selbst auf den Grund geht.

Was wir schuldig bleiben, bleibt unsere Schuld. Und das ist kein ästhetisches Problem. Die Schuld ist nicht bloß ein Makel, ein Fehler oder ein Kratzer auf einem Bilde, mit dem man im übrigen und im ganzen denn auch zufrieden sein könnte. Und ebensowenig ist sie ein ökonomisches Problem: Schuld und Unschuld lassen sich nicht in einer Bilanz verrechnen. Im Gegenteil: Was wir schuldig bleiben, hat die Tendenz, über sich hinaus und auf alles überzugreifen, alles anzukränkeln und in Mitleidenschaft zu ziehen. Es ist die Tendenz der Schuld, das Ganze des Lebens in Frage zu stellen. Und dies schon ihrer Unberechenbarkeit wegen: Wo tritt sie auf? Und wo nicht? Der Fall, daß wir etwas schuldig bleiben und darin schuldig werden, gilt ebenso grundsätzlich wie allgemein – es ist überall und zu jeder Zeit möglich. Das Urvertrauen, das unsere Zuversicht in das Gelingen des Lebens begründen will, wird immer wieder mit dem Zweifel konfrontiert.

Ein verweigertes Gespräch, ein vergessener Gruß, eine aggressive Wendung, eine unwillige Geste – Bagatellen und Trivialitäten füllen die Register dessen, was Menschen einander schuldig bleiben, nicht erst die große Versagung oder das brutal und empfindungslos verschuldete Leiden. Daß es am Selbstverständlichen fehlen kann: am Respekt, den wir einander schulden, am Sinn für die Andersartigkeit des anderen und an der Bereitschaft zum Kompromiß für das notwendig gemeinsame Leben – dies alles zählt bereits und hat enormes Gewicht, wenn es um den Zweifel an der Verläßlichkeit des Lebens geht.

De profundis. Im Bild der Tiefe ist zusammengefaßt, daß und

warum der Mensch auf Gott angewiesen ist. Er hat Gott nötig. Daß das Leben gelebt werden kann unter den Bedingungen der Schuld: das ist der Sinn der Worte Vergebung und Erlösung: »So du willst, Herr, Sünden zurechnen, Herr, wer wird bestehen? Bei dir ist die Vergebung, daß man dich fürchte ... Israel, hoffe auf den Herrn, denn bei dem Herrn ist die Gnade und viel Erlösung bei ihm; und er wird Israel erlösen aus allen seinen Sünden.«

Gott allein kann ein so brüchiges und verletzliches und gefährdetes Leben erhalten. Gott allein kann ein Leben gelingen lassen, dessen Wurzeln bedroht sind und das von allen denen immer wieder aufs Spiel gesetzt wird, um die es dabei geht.

»Aus der Tiefe rufe ich, Herr, zu dir.« Das Erstaunliche und das Entscheidende an diesem Satz ist nicht so sehr, daß der Beter nach Gott ruft. Das vielmehr bezeugt ihm nur ein klares Urteil und eine vernünftige Einsicht in seine eigene Lage. Und überdies macht es deutlich, daß die Tiefe, aus der und von der er redet, als genau der Ort gemeint ist, der es notwendig macht, Gott anzurufen. Erstaunlich und entscheidend ist dieses: Der Beter hält es für möglich, daß Gott sich anrufen läßt! Er geht offenbar davon aus, daß Gott tatsächlich bewogen werden kann, sich ihm zuzuwenden und sich seiner Bitte zu öffnen: »Herr, höre meine Stimme, laß deine Ohren merken auf die Stimme meines Flehens.«

Es ist die Stimme des Vertrauens, die hier spricht. Und daß Vertrauen möglich ist unter den Bedingungen des Zweifels und unter der Last der eigenen und unter dem Leiden der fremden Schuld: das ist der Sinn des Wortes »Glauben«.

Solchen Glauben braucht man, wenn man in der Tiefe wohnt und sich über deren innere Geographie keine Illusionen macht. Wir sollen – und wir müssen – ja miteinander auskommen, so verschieden wir sind und so verschieden wir reagieren. Der eine, der depressiv vor allem den Frieden sucht und ihm nachläuft mit hängender Zunge und bis in den letzten Winkel. Und der andere, der, ichstark genug, auch einmal goldene Rücksichtslosigkeiten walten läßt, wenn sie denn reinigend wirken und die gemeinsame Sache zu fördern versprechen. Und auch der zwanghafte und aggressive Kämpfer, der um jeden Preis seine Sache verficht, auch wenn er seine Kräfte weit überschätzt, muß dazugehören dürfen, ebenso wie der, der ängstlich die Realität verneint und die eigene Hilflosigkeit wie die Feindschaft der Umwelt verdrängt. Die Tiefenpsychologie mag als eine Art Shell-Atlas oder auch als Kunstführer durch die innere Welt der Tiefe angesehen werden – die Gemeinschaft unter denen zu stärken, die sie untersucht, taugt sie nur wenig. Der direkte Weg von Mensch zu Mensch – solange sie in der Tiefe wohnen – ist der Umweg über Gott. Tatsächlich können wir einander niemals genug Verständnis entgegenbringen, aber kein noch so begründetes Verständnis wird uns von dem befreien, was wir einander schuldig bleiben.

Daß wir auf Gott vertrauen dürfen und auf seine Bereitschaft, unsere Verhältnisse zu ordnen, das lernen wir am Beter des 130. Psalms. Wir lernen freilich zugleich, daß auch hier Illusionen nicht am Platze sind: »Ich harre des Herrn; meine Seele harret, und ich hoffe auf sein Wort. Meine Seele wartet auf den Herrn von einer Morgenwache bis zur anderen.« Auf Gott vertrauen heißt: auf Gott warten. Und dieses Warten gibt das Maß für unsere Hoffnung. Über das Warten hinaus werden wir nicht gelangen. Aber im Warten liegt eine eigentümliche Dialektik. Das Warten ist nicht nur eine Weise unserer Beziehungen zu ihm. Wir haben Gott nur so, daß wir ihn nicht haben. Andererseits aber nimmt die Erwartung schon voraus, was noch nicht wirklich ist. Wenn wir in Hoffnung und Geduld warten, dann ist die Kraft dessen, worauf wir warten, schon in uns wirksam. Wenn wir mit Zuversicht warten, dann sind wir schon von dem ergriffen, dann haben wir schon von dem empfangen, was auf uns wartet. Wir sind stärker, wenn wir warten, und darin fähig, unser Leben und unsere Geschichte verändern zu lassen.

Man sagt, der 130. Psalm sei Luthers Lieblingspsalm gewesen, und er habe ihn zu den paulinischen Psalmen gerechnet. Darin liegt ein Hinweis darauf, daß die Wege zwischen Gott und den

Menschen und also auch die Umwege unter den Menschen und für die Menschen kürzer geworden sind. Gott selbst ist in die Tiefe gekommen, und nirgendwo ist sie tiefer gewesen als am Kreuz. Seither ist er mitten unter allen, die schuldig werden. Und dessen sollen wir gerade dann gewiß sein, wenn wir ihn anrufen: De profundis – aus der Tiefe.

Martin Hengel 26. Januar 1975

»Lobet den Herren, der alles so herrlich regieret!« So haben wir eben gesungen. Dieser Vers scheint für manche heute ein Ärgernis geworden zu sein. Es war vor zehn Jahren auf dem Kölner Kirchentag, da formulierte eine bekannte theologische Autorin die mehrfach wiederholten Sätze: »Der Katechismus ist auf eine vergangene Welt angelegt – *und wie man nach Auschwitz den Gott loben soll, der alles so herrlich regieret,* das weiß ich nicht. Wirklich, ich lebe in finsteren Zeiten. Es ist schwer, fromm zu sein heute.« Soweit das Zitat. Es klingt plausibel und weckt zugleich Fragen: Muß man im Sinne einer vergangenen Welt fromm sein, um Gott zu loben und zu danken? Haben wir die Erfahrung verspielt, daß Gott uns »sicher geführet«, uns »mit Liebe begegnet«? Schroffer gesagt: Sollen wir unsere Gesangbücher auf Grund der Schrecken des vergangenen Krieges zuklappen, ein für allemal? Oder bezeugen jene scheinbar provozierenden Sätze vielleicht nur eine geistreiche, intelligente Art von Gedankenlosigkeit? Gerade jene jüdischen Menschen, die damals in die Gaskammern und Feueröfen gingen, begleitete ein Schatz uralter Lieder, das älteste aller Gesangbücher und zugleich das unerreichte Vorbild aller späteren. Man könnte dasselbe ein *Vade-mecum,* ein »Geh-mit-mir«, des Gotteslobes nennen, denn es *ging mit* seinem Volk über 2000 Jahre lang durch alle Feueröfen einer leidgeprüften Geschichte. Die Christenheit hat von Anfang an aus dem Gebets- und Liederschatz dieses Volkes gelernt, was es heißt, Gott zu preisen.

So wollen wir auch heute bei diesem ältesten Gesangbuch in die

Lehre gehen, um an *einer* Liedstrophe Gottes Lob einzuüben. Wir finden sie in Psalm 36, in den Versen 6–10:

Herr, deine Güte reicht, so weit der Himmel ist, und deine Treue, so weit die Wolken gehen.
Deine Gerechtigkeit steht wie die Berge Gottes und dein Recht wie Meerestiefe. Herr, du hilfst Menschen und Vieh.
Wie teuer ist deine Güte, Gott, daß Menschenkinder sich unter dem Schatten deiner Flügel bergen! Sie werden trunken von den reichen Gütern deines Hauses, und du tränkest sie mit Wonnen wie mit einem Strom.
Denn bei dir ist die Quelle des Lebens, und in deinem Licht sehen *wir* das Licht.

Wenn wir Sprache und Bilder eines Dichters verstehen wollen, dann müssen wir ihn in seiner Heimat aufsuchen. Wer einfach seine »Vor-Urteile« in ihn hineinlegt, für den wird er unverständlich oder abstrakt, auf jeden Fall aber gar zu leicht nichts-sagend. Erst wenn wir sein Werk an den Ursprungsort zurückbringen, leuchtet es für uns auf und wird konkret.
Wer vom höchsten Punkt des Ölbergs, dem russischen Turm, nach Osten schaut, dem eröffnet sich ein einzigartiger Blick. Ganz in der Ferne stehen wie rote Mauern die Berge von Moab, in ihrer Mitte der Gottesberg Nebo, von dem aus Mose das Land der Verheißung schaute. Davor liegt wie ein tiefer Abgrund der Graben der Jordansenke und des Toten Meeres, das blau heraufschimmert, darüber wölbt sich nach allen Seiten die Weite des Himmels. Freilich, wem sich im Sommer dieser Blick auftut, dem wird kaum zum Danken zumute sein, denn die Landschaft glüht, man sieht nur das verbrannte Braun, Rot und Grau der Wüste Juda, alles Leben erscheint von der unbarmherzigen Sonne ertötet. Ganz anders im Spätherbst oder Frühjahr. Da sind die Berge im Osten von Wolken verhangen, und der Westwind treibt die Regenwolken vom Meere her und läßt sie am Ölberg abregnen. Die Wüste wird lebendig, sie leuchtet auf in herrlichem Blütenschmuck. Die durstenden Herden finden Weide und Wasser im Überfluß, und die Bauern dürfen in wenigen Wochen eine reiche Ernte erwarten. Gottes

Güte steht so in der Regenzeit sichtbar am Himmel, es ist seine Treue, die die regenschwarzen Wolken heraufführt, seine Gerechtigkeit, die diese Wolken aus der Meerestiefe aufsteigen läßt und sie dadurch, daß sie an die Berggipfel stoßen, zum Abregnen bringt.

Gottes Güte, Treue und Gerechtigkeit werden sichtbar, ja greifbar in dem lebenspendenden, lebensnotwendigen Regen, durch den er seine Geschöpfe erhält. Wer jene erschütternden Bilder aus der Sahelzone Afrikas, vom Senegal bis Äthiopien, mit den verhungernden Menschen und den verdursteten Tieren gesehen hat, der versteht den schlichten Satz unseres Liedes: *»Herr, du hilfst* – oder noch besser – du rettest *Menschen und Vieh.«* Aber Gott begnügt sich in seiner – im wahrsten Sinne des Wortes – überfließenden Güte nicht mit bloßer Lebenserhaltung, er gewährt volle, pralle Lebensfreude: *»Du tränkest sie mit Wonnen wie mit einem Strom!«* Dieses Bild vom Strom meint zunächst ganz einfach den in Strömen niederschießenden Winterregen. Aber der Zusatz im Plural: »Wonnen«, den Luther überdeutlich mit Wollust übersetzt, sagt mehr. Das hebräische Wort, Eden, spielt auf den Garten Gottes, das Paradies an. Schafft seine Güte und Treue nicht in jedem Frühling ein neues Paradies? Lädt er damit nicht alle zur fröhlichen Festfeier ein? Nicht nur zu einem, sondern zu einer ganzen Reihe von Festen: zum Fest der Gerstenernte und der Weizenernte, erst recht aber zu dem der Weinlese, wo es besonders lustig zugeht. Echte Feste gelingen aber nicht in privater Absonderung, sondern in der vergnügten Gemeinschaft der Beschenkten zusammen mit dem Spender, dem Geber aller dieser guten Gaben. Darum zieht man hinauf zu seinem Hause, um *»sich unter dem Schatten seiner Flügel zu bergen«*, das heißt in seinem Heiligtum, wo er selbst auf den Flügeln der Cheruben thront. Sich bergen heißt mehr als einige wenige Tage fröhlich sein, es bedeutet bleibenden Schutz finden, gewisse, beständige Freude. Sie ist gewiß, weil Gott seine Treue und Güte mit einem Bund besiegelt hat, damals, als Noah nach der Flut aus der Arche ging: »Solange die Erde steht, soll nicht aufhören Saat und Ernte,

Frost und Hitze, Sommer und Winter, Tag und Nacht« (1. Mose 8,22). Grund genug, ausgelassen und intensiv zu feiern. Noch beim Passahfest zur Zeit Jesu standen jedem, auch dem Ärmsten, ebenso Frauen und Kindern, *mindestens* vier volle Becher Wein zu; kein Wunder, daß die Dächer der Heiligen Stadt in der Passahnacht beim Psalmengesang erbebten!

Der Dichter kann die Überfülle der Festfreude kaum in Worte fassen. Luther übersetzt schön und anschaulich: *»Sie werden trunken von den reichen Gütern deines Hauses.«* In Wirklichkeit klingt es noch deftiger: »Sie trinken sich satt am Fett deines Hauses«. Fast möchte man meinen, als seien hier beim Opferschmaus und Umtrunk die Bilder etwas durcheinandergeraten: Sie trinken sich satt am Wein und laben sich am Fett der Opfer deines Hauses.

Doch was geht das alles uns heute an? Wenn man das fröhliche Feiern nicht ganz verlernt hat – als Professor steckt man in dieser Gefahr, da muß man, wie der Schwabe sagt, nur noch »schaffe, schaffe« – so tut man es privat und profan. Gottes Gast zu sein im Heiligtum beim Fettdampf der Opfer und kräftigem Mahl, beim Fleisch von Fettschwanzschafen, Böcken und Stieren oder auch bei vier und mehr Festbechern und lautem Psalmengesang, das paßt schlechterdings nicht zu protestantischer Feierlichkeit oder besser gesagt Steifheit und Nüchternheit. Da muß man schon mit jüdischen Freunden Pesach oder Purim feiern. Aber auch der Tempel als die Stätte der Festfreude Israels ist zerstört, und geblieben ist allein die Klagemauer. Doch abgesehen von Festen und Feiern, klingt das Ganze nicht nach unzeitgemäßer Bauern- und Hirtenromantik? Kann man Gottes Güte und Treue und seine Gerechtigkeit etwa an den Ernteergebnissen ablesen? Hängen die nicht vielmehr mit besserem Saatgut, richtiger Düngung, Schädlingsbekämpfung und viel fleißiger Arbeit zusammen? Ein Rest von Zufall bleibt, aber den gilt es klein zu halten. Diesen Bewußtseinswandel illustriert die bekannte Anekdote von dem Tübinger Besenwirt, sie heißen auch Gôgen, der den guten Jahrgang mit selbstbewußtem Stolz servierte: »S'isch oiges Gwächs!«

aber im nächsten Jahr die Verantwortung für den sauer geratenen Wein schroff ablehnte: »I kann nix drfür, so hot's der Herrgott wachsa lau!« Der Herrgott ist hier nur noch ein anderes Wort für Schicksal oder Zufall, die es möglichst einzuschränken gilt. Hilf dir selbst, so hilft dir Gott, das heißt: auf dieses schattenhafte Wesen kannst du dann getrost verzichten. Damit stünden wir wieder bei der Kirchentagsrede vom Anfang, die dasselbe etwas komplizierter, wie es eben Theologen zu tun pflegen, sagt: »Die Welt hat sich verändert und ist aus dem Chaos unbeherrschter Naturmächte, denen wir ausgeliefert waren, zu einer Möglichkeit menschlich-doppeldeutiger Freiheit geworden, deren Schicksal in unseren Händen und in unserer Verantwortung liegt.« Mit anderen Worten: Da Gottes Treue und Gerechtigkeit angeblich unfaßbar geworden sind, sich verflüchtigt haben, kommt es jetzt darauf an, daß der *Mensch* »alles so herrlich regiere«. Es ist dann nur zu selbstverständlich, daß in unserem Jahrhundert der unfehlbaren Diktatoren und Parteien jene Übermenschen, die vorgeben, in Güte, Treue und Gerechtigkeit alles so herrlich zu regieren, auch ihren gebührenden Tribut an Dank und Lobpreis einfordern. Mir klingt noch heute jene hymnische Huldigung des damaligen Reichsministers für Propaganda und Volksaufklärung in den Ohren: Wir danken unserem Führer! Sind jene maßlosen Greuel, die unsere Generation erlebte und vielleicht noch erleben wird, nicht ein Zeichen dafür, daß man Gottes behutsames Regiment, das uns im Gewissen anspricht und Vertrauen fordert, verachtete und den Aberglauben, daß fast alles machbar und die Menschheit das höchste Wesen sei, an seine Stelle setzte?

In Wirklichkeit stoßen wir gerade heute überall auf unsere Grenzen: Nicht nur im Blick auf höchst mangelhafte menschliche Selbstbeherrschung, sondern auch in der Beherrschung der Natur. Der palästinische Bauer sah im Wetter die Gabe von Gottes Güte oder Zorn. Es ist uns auch heute noch nicht gefügig. War der Sommer kühl und naß, der Herbst kalt und schneereich, so haben wir jetzt einen Januar, in dem die Knospen treiben und der Frühling beginnt. Die Sahel-Zone verdurstet, Bangla-Desh wird überflutet, und wenn man einmal das Wetter machen kann, wird man sich darum streiten wie heute um die Ölquellen. Jene Spruchband-Propaganda vor etwa 20 Jahren in unserem Bruderstaat: »Ohne Gott und Sonnenschein bringen wir die Ernte ein«, hat sich durch ihre Simplizität selbst überlebt. Je mehr wir die Natur beherrschen, desto mehr wächst die Drohung des Chaos mit, und je mehr wir die Allmacht unserer autonomen Vernunft beschwören, desto mehr entfalten sich hemmungslose politische Leidenschaften. Aufklärung tut not, gewiß – aber wer hilft uns, wenn sie neue Finsternisse schafft?

Ich habe den Schlußvers in unserem Danklied bisher ausgespart, da er den Bilderkreis von Regenströmen, Fruchtbarkeit und Festfreude im Heiligtum vollendet, aber zugleich auch überschreitet:

»Denn bei dir ist die Quelle des Lebens
und in deinem Licht sehen wir das Licht«.

Hier fällt auf, daß dieser letzte Vers, in den ja die ganze Strophe einmündet, von der dritten Person in das unmittelbare Bekenntnis der ersten Person überwechselt. Es geht nicht um Leben und Licht als abstrakte, anonyme Prinzipien, auch nicht um das Problem der Natur an sich, sondern um *unser* Leben und *unser* Sehen. Gott ist nicht nur Quelle des lebenspendenden Regens, sondern von *allem*, was Leben heißt. Und das bedeutet zugleich: Er gab dir dein und mir mein Leben, und er nimmt es zurück, wann und wo er will. Dies heißt aber: Er regiert, den Einzelnen wie das Ganze, ob wir wollen oder nicht! Wir haben uns weder selbst erschaffen noch gehören wir uns selbst. Freilich, er will uns nicht regieren, als seien wir Steine oder Hölzer, Disteln oder auch Mimosen, er will – und das zeichnet uns vor allen Geschöpfen aus –, daß wir seine Kinder werden, Kinder voller Vertrauen, ohne falschen Stolz, die gerne zuhören, die sich im Schatten seiner Flügel bergen, wie man sich bei seiner Mutter geborgen weiß: Kinder, die glücklich sind, weil sie geliebt werden. Das wäre das wahre Leben, das sich lohnt.

Doch legt sich zwischen diese Vision der Gotteskindschaft als

des wahren Lebens und uns nicht die dunkle Wand des Zweifels, der Angst, des Mißtrauens, der enttäuschten Hoffnungen oder ganz einfach Mangel an Erfahrung und Fremdheit? Können wir mit dem palästinischen Bauern von damals und dem Frommen von heute die finsteren Seiten übersehen? Die Dürre statt des Regens, die Hungersnot statt des Überflusses, die Entfremdung statt der Kindschaft, den Völkermord an Gottes eigenem Volk, kurz: den Tod statt des Lebens?
Gewiß, hier können wir weder über-sehen, noch hindurch-sehen. Der Zweifel raubt uns die Übersicht wie die Durchsicht.

»Die Menschen sind ihr ganzes Leben blind;
nun, Fauste, werde du's am Ende!«

Diese Worte der Sorge, der Schwester des Zweifels, lassen Faust erblinden. Doch er antwortet:

»Die Nacht scheint tiefer, tief hereinzudringen,
allein im Innern leuchtet helles Licht!«

Dieses Licht im Innern bedeutet Ein-Sicht, Erkenntnis. Erkenntnis der Güte, Treue und Gerechtigkeit Gottes. Freilich tragen wir keine Lichtquelle in uns herum. Aus uns selbst produzieren wir Zweifel, Sorge und Finsternis. Ein-Sicht gewinnen wir dadurch, daß uns ein anderer erleuchtet, daß sein Licht auf uns fällt:

»Denn bei dir ist die Quelle des Lebens
und in deinem Licht sehen wir das Licht«.

Im Alten Israel war dies das Licht, das von der Gegenwart Gottes im Heiligtum ausging, wo die Priester Tag für Tag den Segen Gottes auf das Volk legten:

»Der Herr lasse leuchten sein Angesicht über dir
und sei dir gnädig ...« (4. Mose 6,25)

Im Neuen Bund leuchtet Gottes Licht gerade dort auf, wo unsere Finsternis menschlich gesehen undurchdringbar wird: Im Tode, im Sterben eines Menschen. Gott selbst hat diese Finsternis erlitten, in seinem Sohn: »Er erniedrigte sich selbst und ward gehorsam bis zum Tode, ja zum Tode am Kreuz« (Phil. 2,8).

Für das Licht, das von dort ausgeht, ist keine Finsternis dieser Welt zu dunkel, weder Auschwitz und Maidanek noch Workuta und Hiroshima, und erst recht nicht die Finsternis des Zweifels und der Sorge in unseren Herzen. »Denn bei dir ist die Quelle des Lebens, und in deinem Licht sehen wir das Licht.« Der Dichter unseres scheinbar so anstößigen Liedes »Lobe den Herren, den mächtigen König der Ehren«, Joachim Neander, wurde zwei Jahre nach dem Ende des Dreißigjährigen Krieges geboren und starb in voller Lebensblüte plötzlich mit dreißig Jahren. Hat sein Schicksal das Wagnis, Gott zu loben, damit selbst ad absurdum geführt? Das dazu Notwendige sagt im Grunde schon die Antwort Jesu, die er den aristokratisch-intellektuellen Zweiflern in Jerusalem gab: »Gott ist nicht der Toten, sondern der Lebendigen Gott, *denn in ihm leben sie alle«* (Luk. 20,38). Dem ist nichts mehr hinzuzufügen.

Doch, noch die Konsequenz für uns heute: daß wir uns aus diesem Grunde von Herzen aller guter Gaben freuen und nicht aufhören, dem Geber zu danken, »der alles so herrlich regieret«, daß wir lernen, wieder fröhliche Feste des Glaubens und des Gotteslobes zu feiern, weiter, daß wir mit vollem Einsatz versuchen, die Bosheit und das Unheil dieser Welt zu bessern und zu heilen, und – indem wir alles tun, was in unseren Kräften steht – doch ihm allein die Ehre geben und ihn Herr sein lassen:

Bist du doch nicht Regente, der alles führen soll,
Gott sitzt im Regimente und führet alles wohl.

Eberhard Jüngel

2. Februar 1975

Psalm 121:

Ich hebe meine Augen auf zu den Bergen.
Woher kommt mir Hilfe?
Meine Hilfe kommt von dem Herrn,
der Himmel und Erde gemacht hat.
Er wird deinen Fuß nicht gleiten lassen.
Und der dich behütet, schläft nicht.
Siehe, der Hüter Israels schläft noch schlummert nicht.
Der Herr behütet dich. Der Herr ist dein Schatten
über deiner rechten Hand,
daß dich des Tages die Sonne nicht steche
noch der Mond des Nachts.
Der Herr behütet dich vor allem Übel,
er behütet deine Seele.
Der Herr behütet deinen Ausgang und Eingang
von nun an bis in Ewigkeit.

In seinen Liedern verrät sich ein Volk. Denn in seinen Liedern bestätigt sich ein Volk. Israel hat sich in seinen Psalmen verraten. Es hat verraten und es hat sich selber bestätigt, daß es nicht ohne Gott sein kann. Und es hat zugleich verraten und sich selber bestätigt, wer dieser Gott ist.

Auch wir verraten uns, wenn wir auf die uralten Lieder Israels hören und am Ende vielleicht sogar in sie einzustimmen bereit sind. Wir verraten uns selbst, wenn wir mit den Worten des 121. Psalmes verraten, wer unser Gott ist.

Der Psalmist sagt es negativ: Siehe, der Hüter Israels schläft noch schlummert nicht. Das ist eine gute Verneinung, eine heilsame Negation. Sie ist voll von Bejahung. Es ist gut, zu wissen, daß *Gott nicht* schläft, daß *er wach* ist. Hellwach – wacht Gott über uns. Ohne jede Ermüdung behütet er seine Geschöpfe.

Hellwach und ohne jede Ermüdung! Das unterscheidet Gott von uns Menschen. Wir brauchen den Schlaf. Wir brauchen ihn Tag für Tag, oder besser: Nacht für Nacht. Solange wir wach sind, machen wir ja sozusagen ständig von uns selber Gebrauch. Man kann aber nicht unerschöpflich von sich selber Gebrauch machen. Deshalb müssen wir uns selbst regelmäßig entzogen werden. Im Schlaf sind wir es. Keine Frage also: Schlaf muß sein. Wir brauchen die Pause, in der wir nicht Herr über uns sind. Schlafend ist ja niemand Herr seiner selbst. Da verfügt niemand über sich selbst. In einem gewissen Sinn vergißt man sich selbst sogar, wenn man schläft. Und wenn man nicht einschlafen kann, dann eben deshalb, weil man sich nicht vergessen kann. Gewiß, im Traum erinnern wir uns dann wieder. Aber das doch nun so, daß wir nicht mehr Herr über uns selbst sind. Im Schlaf beherrschen wir uns nicht mehr. Da lassen wir uns los. Und das ist gut so. Gerade deshalb ist der Schlafende ja so wehrlos, und zwar wehrlos nicht nur gegen andere Menschen, nicht nur gegen die ihn umgebende Welt! Sondern wehrlos gerade auch gegen die eigenartige Welt, die ein jeder in sich mit sich herumträgt und die sich dann nachts in unseren Träumen so sonderbar bemerkbar macht. Schlafend sind wir wehrlos gegen uns selbst.

Doch eben das kommt uns durchaus zugute. Im Schlaf, in dieser Wehrlosigkeit nämlich schonen wir uns, werden wir auch von unseren Mitmenschen geschont und in gewissem Sinne sogar verschont. Und diese Schonung des Schlafes kommt dem wachen Leben zugute. Ausgeschlafen können wir uns ja zumindest gegen uns selber wehren, können wir mit einiger Aussicht auf Erfolg versuchen, uns selbst zu beherrschen. Der Schlaf ist also durchaus so etwas wie eine schöpferische Pause unseres Lebens. Er befähigt uns überhaupt erst, wach zu sein und wach ganz da zu sein. Unausgeschlafen hingegen sind wir selbst im sogenannten wachen Zustand nicht ganz da. Man dämmert dann so dahin. Und das ist, wie jeder weiß, ein unangenehmer, ein gefährlicher Zustand. Denn man wird dann für wach gehalten, hält sich wohl auch selber dafür, gleicht aber dennoch eher den Schlafenden, ist wie sie nicht ganz da und wird gleichwohl nicht wie die Schlafenden geschont. Es ist deshalb besser, wachend ganz da zu sein. Das aber können wir nur, wenn wir der Schonung des Schlafes teilhaftig geworden sind.

Bei Gott ist es anders. Wenn es von ihm heißt: er schläft noch schlummert nicht, dann bedeutet das auf jeden Fall: Gott schont sich nicht. Und er läßt sich nicht schonen. Er ist ganz da. Und er vermag offensichtlich ganz da zu sein, ohne sich von Zeit zu Zeit vergessen zu müssen. Gott ist ganz und gar Herr seiner selbst. Er beherrscht sich selbst durch und durch. Und bleibt wach.

Das ist nun freilich noch kein tröstlicher Gedanke. Ein ewig wacher Gott – der könnte uns ja immerhin auch Angst einjagen oder zumindest auf die Nerven fallen. Kinder hat man nicht selten damit geängstigt: »Der liebe Gott sieht alles und hat dich längst entdeckt.« Und mancher Mensch schleppt sein Leben lang die Zwangsvorstellung mit sich herum, Tag und Nacht gleichsam unter Aufsicht zu existieren. Der ewigwache Gott gliche dann eher einem Gefängnisaufseher, der seine Gefangenen niemals und nirgends aus den Augen läßt. Sogar hinter der Zellentür weiß man sich vor den aufdringlichen Blicken nicht sicher. Denn diese Sorte Tür hat ja jenes grausame kleine Loch, durch das selbst der Schlafende noch beobachtet werden kann. Ist das gemeint, wenn vom *Hüter* Israels die Rede ist, der weder schläft noch schlummert? Sind wir seinen Blicken noch wehrloser ausgeliefert als wir unseren Mitmenschen und uns selbst ausgeliefert sind, wenn wir schlafen? Ist Gott *Herr seiner selbst,* nur um rücksichtslos *Herr über uns* sein zu können? Und um uns dann auch noch dazu zu zwingen, unsere eigene Unterlegenheit einzugestehen und unsere unbestreitbaren Mängel, Fehler, Fehltritte und Verfehlungen dazu? Sind wir seinen

Blicken so ausgesetzt, daß wir unsererseits nur die Augen niederschlagen können? Müssen wir vor ihm mit niedergeschlagenen Augen unser Leben fristen?
Dagegen spricht, daß der Psalmist uns ausdrücklich auffordert, die Augen aufzutun. *»Siehe«*, heißt es, *»siehe:* der Hüter Israels schläft noch schlummert nicht.« Die Aufforderung gilt einem Pilger, der den Tempel verläßt. Nach einer Pilgerfahrt zum Tempel in Jerusalem und nach den Gottesdiensten im Heiligtum schickt er sich zur Heimreise an. Und an der Schwelle des Tempels hebt er seine Augen auf. Wir müssen diesen Blick nachvollziehen, wenn wir verstehen wollen, was der Psalmdichter in seinem Lied verraten hat von sich selbst und von seinem, von unserem Gott. Wir müssen sozusagen mit dem Dichter in die Landschaft blicken, um zu verstehen. Denn:

> »*Wer* den Dichter will verstehen,
> muß in Dichters Lande gehen.«

Goethe hat das gesagt. Ein Dichter also. Und was für einer! Wenn überhaupt von einem deutschen Poeten, dann kann man aus seinen Werken erfahren, was ein Land, was eine Landschaft für Wirkungen auf unser Leben hat. In unserer Sprache hinterläßt es seine Spuren, tiefe unauslöschliche Spuren. Was wir von Kindesbeinen an tagtäglich sehen, das prägt uns ja, ohne daß wir es eigens bemerken. Das prägt unsere Anschauung, aber sofort auch unsere Sprache. Der Sohn der Berge spricht eine andere Sprache als Klein-Erna und ihre Geschwister aus der norddeutschen Tiefebene. Die Landschaft, in der wir leben, hat die Anschauungskraft unserer Sprache gründlich geprägt. Wir merken das in der Regel kaum. Aber die Dichter, die gehen in ihren Liedern ihrer Sprache auf den Grund. Und sie lehren uns so, die eigene Welt mit neuen Augen zu sehen.
Was wir da zu sehen bekommen, ist allemal verarbeitete Lebenswelt. In Dichters Lande gehen – das heißt also nicht nur: in die Landschaft gehen, sondern zugleich: die Lebenserfahrungen kennenlernen, die man in dieser Landschaft macht. Wer in Dichters Lande geht, der trifft keineswegs auf eine unberührte

Natur, in der der Mensch selber nicht vorkommt, oder wenn doch, dann allenfalls »zwei Männer den Mond betrachtend«. Nein, wer in Dichters Lande geht, den erwartet eine vom Menschen geprägte und wiederum den Menschen prägende Landschaft, eine Landschaft mit ihrer besonderen Arbeitswelt und mit ihren ganz spezifischen Lebenserfahrungen.

Auch unser Psalm, dieses Lied für Wanderer, am Tage und des Nachts zu singen, auch dieses Lied ist voll von den Spuren seiner Landschaft. »Ich hebe meine Augen auf zu den Bergen.« Berge versperren die Aussicht. Und zwar nicht nur die Aussicht auf die Gegend dahinter, sondern auch die Aussicht in die Zukunft dessen, der die Berge durchwandern muß. Denn in den Bergen lauern Gefahren. Da sind die natürlichen Gefahren der Bergwelt, in der ein falscher Tritt zum tödlichen Sturz führen, eine unkontrollierte Bewegung die giftige Viper zum tödlichen Biß reizen kann. Selbst der behutsamste Wanderer kann von einem plötzlichen Steinschlag erschlagen werden. Wer die Bergwelt liebt, weiß es am besten: Die Natur der Berge ist voll von solchen Gefahren. Doch dazu kommen noch ganz andere Unsicherheiten. Im Berg – da sind die Räuber. Die Geschichte von einem, der auf dem Weg nach Jericho durch das Bergland östlich von Jerusalem unter die Räuber gefallen ist, hat Jesus erzählt. Dergleichen kam häufig vor. Man mußte auch damit rechnen. Der Wanderer, der durch diese Bergwelt hindurch muß, hat also schon einigen Grund, seine Augen besorgt aufzuheben zu den Bergen. Wird er durchkommen? Und wenn der befürchtete Fall eintritt, wenn aus der bloßen Gefahr die akute Not wird – wer wird ihm zu Hilfe kommen?

»Meine Hilfe kommt von dem Herrn, der Himmel und Erde gemacht hat.« Die Antwort, die unser Psalm gibt, bringt nun allerdings noch einmal neues Leben in die Landschaft. Nicht nur die der Erde verhafteten Menschen mit ihren besonderen Lebenserfahrungen haben in diesem Psalm ihre Spuren hinterlassen. Sondern dieses Lied ist erst recht voll von Spuren des Herrn, der Himmel und Erde gemacht hat. Von ihm kommt Hilfe – sagt der Dichter.

Das kann man nun freilich nicht mehr aus der Kenntnis jener Landschaft verstehen. Um das zu begreifen, daß Hilfe vom Schöpfer Himmels und der Erden kommt, genügt es nicht, in Dichters Lande zu gehen. Jetzt muß – mit Goethe geredet – das Dichten selber verstanden werden, also das, was den Dichter treibt, was ihn dazu bewegt, so zu reden. Und:

»*Wer* das Dichten will verstehen,
muß ins Land der Dichtung gehen.«

Ins Land der Dichtung gehen – das heißt in unserem Fall: sich auf die Erfahrungen einlassen, die ein solches Vertrauenslied möglich werden ließen. Und das sind die Erfahrungen, die Israel mit seinem Gott gemacht hat. Israel – das sind zwar Menschen in einer bestimmten Landschaft. Aber mehr noch als die Landschaft gehört zu ihnen eine bestimmte Geschichte. Und zu dieser Geschichte wiederum gehört unter vielen Erfahrungen vor allem die eine: daß ein Gott da ist, dem dieses Volk alles verdankt, was es hat und was es ist. Er hat es in dieses Land geführt. Ohne ihn wäre es weder da, wo es ist, noch das, was es ist. Kurz: Dieses Volk hatte auf allen seinen Wegen einen Begleiter. Einen sehr fremden und sehr mächtigen, einen göttlichen Begleiter. Und mit diesem göttlichen Begleiter hat es seine eigenen Erfahrungen gemacht: befreiende Erfahrungen, beglükkende Erfahrungen, in denen der fremde göttliche Begleiter diesem Volk näher kam – so nahe, daß sich Vertrauen einstellte zwischen Gott und den Menschen dieses Volkes. Vertrauen entsteht immer aus nächster Nähe. Bewähren muß es sich freilich, wo von dieser Nähe gerade nichts zu spüren ist. Unser Vertrauenslied bezeugt die Nähe des Herrn, der Himmel und Erde gemacht hat. Die Nähe also des allmächtigen Gottes, die Nähe einer schlechthin überlegenen Macht.
Doch die Nähe einer Supermacht, einer aus der Fremde kommenden zumal, hat normalerweise etwas Erschreckendes. Sie kann verheerend sein. Die Nähe eines ichstarken Menschen z. B. kann sensible Naturen durchaus erdrücken. Und nicht nur sensible Menschennaturen! Sogar in der Tierwelt kann man der-

gleichen beobachten. War doch soeben in der Zeitung zu lesen, daß der 15jährige Londoner Rhinozeros-Bulle »Mulunda« bei gewissen unzweideutigen Annäherungsversuchen der 10 Jahre jüngeren Rhinozeros-Dame »Myrtle« das Rückgrat gebrochen hat – worüber ihm selber dann freilich das Herz zerbrach. Der Londoner Zoo hatte danach vier Tonnen tote Rhinozeros-Masse zu beseitigen. Man kann daraus lernen, wie gefährlich die Nähe eines Starken werden kann.

Scherz beiseite! Wie oft wurde ein menschliches Rückgrat gebrochen, weil ein Stärkerer seine Nähe spüren ließ. Genau das aber gilt für Gottes Nähe nicht. Es gehört zu den beglückendsten und befreiendsten Erfahrungen der Menschheitsgeschichte, daß die Nähe des Schöpfers Himmels und der Erde, daß die Nähe des allmächtigen Gottes eben nicht erdrückend ist. Es nähert sich da gerade kein erdrückendes Über-Ich, das man nur fürchten, dem man sich nur unterwerfen, nur mit niedergeschlagenen Augen gehorchen kann. Gewiß, es ist der Herr, der Himmel und Erde gemacht hat. Aber wie übt der Allmächtige seine Macht aus?

Der Psalmist stellt ihn sich und aller Welt als einen *Behüter* vor. Schon in der Art und Weise, wie sich Gott dem Menschen nähert, macht sich das bemerkbar. Er schreckt nicht auf, läßt uns – bei aller Überraschung – nicht auffahren wie man aus einem Alptraum emporfahren mag des Nachts. Er läßt uns auch nicht zusammenfahren wie man zusammenfährt, wenn man bei irgendeiner Untat auf frischer Tat ertappt wird. Gewiß: er ertappt uns wohl, er trifft uns durchaus in bösen Träumen an. Und das nicht nur im Schlaf, sondern durchaus im wachen Zustand. Aber er weckt uns aus solchen Träumen nicht brutal, nicht erbost auf. Er tut es freundlich. Gott nähert sich behutsam. Und mit äußerster Behutsamkeit faßt er uns zerbrechliche Menschen an. Er geht anders mit uns um als wir mit uns selbst. Auch von unserem Unglauben läßt er sich nicht zu Demonstrationen seiner Gewalt bewegen. Gott schlägt nicht drein und schlägt nicht zu, nur um sich so unzweifelhaft in Erinnerung zu rufen. Die Bibel, die gern von Gottes rechtem Arm und viel von

seinen Händen redet, kennt bezeichnenderweise keine göttliche Faust. Gottes Hand ballt sich nicht zur Faust.
Nein, unser Psalm redet ganz anders von Gott. Er nennt ihn einen wohltuenden Schatten. Wo die Sonne – wie im Orient – brutal auf den Wanderer niederbrennt, so daß der Sonnenstich droht, da will der Herr, der Himmel und Erde gemacht hat, nichts weiter als der Schatten sein, der zwischen den Menschen und die ihn verderbende Sonne tritt. Man beachte: nicht die gewaltige Macht der Sonne, die die Menschheit seit Menschengedenken verehrt, wird zum Gleichnis für Gott, sondern der die glühende Gewalt der Sonnenhitze erträglich machende, der die brutale Macht des Lichtes lindernde Schatten: »Der Herr ist dein Schatten über deiner rechten Hand, daß dich des Tages die Sonne nicht steche«.
»... noch der Mond des Nachts«! Auch mit dieser seltsamen Feststellung wird Gott noch einmal als ein Behüter vorgestellt, der der Gewalt entgegenwirkt. Diesmal nun freilich nicht der nackten, brutalen Gewalt des Sonnenlichtes, sondern der listigen, vor allem den ohnmächtigen Schläfer anziehenden Gewalt des Mondscheins. Ebenfalls seit Menschengedenken wurde das fahle Licht des Mondes als eine Macht verehrt, in deren Schein allerlei Aberglauben gedeiht. Mondlicht ist erborgtes Licht, ist selber zutiefst zwielichtig. In diesem zwielichtigen Mondschein verbündet sich nach uralter Meinung »groß Macht« mit »viel List«. Mit Hilfe des von der Sonne erborgten Lichtes des Mondes meinte man Zaubermacht über einen anderen Menschen gewinnen und ihm dies und das anhexen zu können: Fieber und Aussatz z. B., aber auch ein böses Weib. Kein Wunder also, daß der dem freien Himmel schutzlos ausgesetzte Wanderer nicht nur den Sonnenstich am Tage, sondern mehr noch das stechende Licht des Mondes in der Nacht fürchtete. Doch ihn trägt eine Gewißheit: Gott ist mit diesen Zaubermächten, die im Mondschein gedeihen, nicht im Bunde. Gott tritt vielmehr dazwischen, er entzaubert das fahle Mondlicht, entzaubert dessen durch alle Zeiten hindurch so unheimlich anziehende Gewalt. Gottes Macht ist anderer Art. Weder mit nackter, noch mit un-

heimlicher Gewalt übt er Macht über uns aus. Sondern er tut es so, daß er unser Vertrauen erwirbt. Und so allein wird er wirklich hilfreich. Gott hilft allein dadurch, daß er Vertrauen findet. Vertrauen aber lebt von Bewährungen. Und es bewährt sich gerade da, wo es sich nicht von selbst versteht.

Im Tempel, im Heiligtum – da wußte man sich in Gottes Nähe. Da war man Gottes gewiß. Und das unterscheidet denn wohl die Gottesdienste des alten Israel von unseren Gottesdiensten. Wir kommen mit unseren Zweifeln und gehen oft mit noch mehr Zweifel wieder davon. Doch selbst wenn wir in einer solchen gottesdienstlichen Stunde wirklich Zuversicht geschöpft hätten und neues Vertrauen – es wäre nichts wert, wenn es bei der ersten Begegnung mit den Gefahren und Problemen des Alltags wieder in sich zusammensänke. Gottvertrauen – man sollte es zwar in unseren Gottesdiensten gewinnen! Aber bewähren muß sich unser Gottvertrauen jenseits der Tempelschwelle. Deshalb gibt es in unserem Psalm einen besonderen Segen für den Abschied vom Gottesdienst: »Der Herr behütet deinen Ausgang!« Gott selbst wird hier dem Menschen mit auf den Weg gegeben. Auf dem Weg durch unser so gar nicht heiliges Leben, mitten in allen Gefahren und Nöten ist er dabei. Und gerade dann, wenn wir wohl wissen möchten, wo er denn bleibt, ist er in nächster Nähe. Oft verschwiegen, oft kaum oder auch gar nicht wahrnehmbar, aber ohne zu ermüden, ohne sich selbst zu schonen.

Darin drängt sich deshalb alles Gottvertrauen zusammen: in der Gewißheit, daß unser Behüter weder schläft noch schlummert. Gerade wenn alles dagegen spricht, wenn alles nach einer göttlichen Gewalttat geradezu schreit und eben nichts dergleichen geschieht, gerade dann entscheidet sich, ob unser Vertrauen wirklich *Gottvertrauen* ist.

Zwei Absagen gehören deshalb zum rechten Vertrauen auf Gott. Die eine Absage ergeht an die Sorge, es möchte ein in die Geschicke der Welt so wenig sichtbar eingreifender Gott selber wohl am Verdämmern sein. Doch man schließe nur ja nicht aus dem Zustand der Welt auf den Herrn, unseren Gott! Vom Zustand der Welt lassen sich immer nur Schlüsse auf uns, Schlüsse auf die Menschheit ziehen. Wir mögen dahindämmern. Gott schläft nicht. Er ist kein ohnmächtiger Zuschauer – so wie wir, wenn wir schlafen, im Traum wohl unsere eigenen ohnmächtigen Zuschauer sind. Aber der Gegensatz zur Ohnmacht ist für Gott nun eben nicht einfach die Macht, gerade nicht der Gewaltakt.

Zum Gottvertrauen gehört deshalb eine zweite Absage. Sie gilt dem Wunsch, der Schöpfer Himmels und der Erden möge »mit groß Macht und viel List« beweisen, wer er ist. Groß Macht und viel List – das ist die Rüstung eines anderen, der sich nur gar zu gern mit Gott verwechseln ließe. Wir sollten ihm diesen Gefallen nicht tun. Gott vertrauen wir dann, wenn wir ihm mehr zutrauen als einem allmächtigen Chirurgen. *Gott* – nicht irgendeiner Macht, auch nicht einer abstrakten Allmacht, sondern eben: *Gott vertrauen* wir dann, wenn wir ihm zutrauen, daß er – statt in unsere persönliche Not und in das Elend der Menschheit gewaltsam *einzugreifen* – höchst persönlich *eintritt* in die Situation unserer Not und teilnimmt an allem menschlichen Elend, ohne sich selbst zu schonen.

Und das ist geradezu das Kennzeichen göttlicher Hilfe: daß er statt nur *einzugreifen* selber *eintritt und dabeibleibt* in unserem Leben. Und er tritt ein in unser Leben, indem er *dazwischen* tritt – wie jener Schatten zwischen den Wanderer und die Sonne tritt, den sie zu verbrennen droht. Er tritt dazwischen, wenn wir unsere eigenen Sonnen aufgehen lassen und einander mit unserer Macht gefährden. Er tritt dazwischen, wenn wir im erborgten Licht und Glanz unser Unwesen treiben. Und er tritt auch dazwischen, wenn ich mir selber gefährlich werde, wenn ein Ich sich zu verzehren droht oder sich selber so unheimlich wird, daß es vor sich selber die Flucht ergreift. Gott vertrauen heißt auch dann, ihn dazwischen treten lassen, damit er helfen kann – nicht mit irgendeinem gewaltsamen Eingriff, sondern mit sich selbst. Gott hilft nur mit sich selbst.

Nichts gegen Chirurgen, wir brauchen sie. Wir brauchen sie nur allzusehr. Aber *Gott* ist kein Chirurg, der die Welt mit höchst kunstvollen Eingriffen, aber doch eben allemal mit dem Messer am Leben erhält. Er schneidet nicht heraus, was böse und bösartig ist. Sondern er nimmt das Böse auf sich, und das Bösartige erträgt er. Und das ist es, was ihn unter uns wach hält. So also wacht er: Nicht um Verurteilte zu überwachen, sondern um für uns da zu sein – in nächster Nähe und gerade deshalb völlig verborgen, aber immer hellwach. Amen.

ESG-Team 9. Februar 1975

Psalm 146

1 Hallelujah!
Lobe den Herrn, mein Seele!

2 Ich will den Herrn loben, solange ich lebe;
will meinem Gott singen, solange ich bin.

3 Verlasset euch nicht auf Fürsten,
nicht auf den Menschen, bei dem doch keine Hilfe ist.

4 Fährt sein Odem aus, so kehrt er wieder zur Erde,
und alsbald ist's aus mit seinen Plänen.

5 Wohl dem,
dessen Hilfe der Gott Jakobs, dessen Hoffnung der Herr,
sein Gott, ist;

6 der Gott, der Himmel und Erde gemacht hat,
das Meer und alles, was in ihnen ist,
der ewiglich Treue hält,

7 der Recht schafft den Unterdrückten, der den Hungernden Brot gibt.
Der Herr erlöst die Gefangenen,

8 der Herr öffnet den Blinden die Augen,
der Herr richtet die Gebeugten auf,
der Herr liebt die Gerechten.

9 Der Herr behütet den Fremdling, Waisen und Witwen hilft er auf, doch in die Irre führt er die Gottlosen.

10 Der Herr wird herrschen in Ewigkeit,
dein Gott, o Zion, von Geschlecht zu Geschlecht!

1. Sprecher:
Situationen

1.1 Situationen in der ESG; zunächst die ESG »intern« gesehen:

– der *Gemeinderat,* wo ein Tagesordnungspunkt den anderen jagt, viele Dinge einfach nur angesprochen werden können und doch manchmal Diskussionen stattfinden, die Leben und Interesse zeigen.
– *Arbeitskreise,* die eine mehr oder weniger gute Beteiligung haben, und bei denen wichtig ist, daß sie oft zum Sprungbrett für andere Aktivitäten geworden sind.
– *Feste,* die mal gefallen und Spaß machen, wo man seine augenblickliche Stimmung wiederfinden kann oder eben auch das Gegenteil der Fall ist.

Die ESG im Blick auf die Synode: die württembergische Landessynode will der sogenannten »politischen Einseitigkeit« der ESG mit Hilfe einer noch zu verabschiedenden Rahmenordnung ein Ende bereiten. Die theologische Begründung ist recht spärlich: »Das Evangelium ist für alle da.« Eigentlich also ein Grund zur Freude. Es scheint jedoch so, als ob diese von den Synodalen, aber nicht von uns erfahren werden kann. Wir versuchen, die zu erwartenden Beschlüsse zu verhindern, wohl wissend, sie letzten Endes nur aufschieben zu können.
So bleibt die Angst, daß im nächsten Wintersemester die ESG entweder völlig zusammenklappt oder entsprechend den Vorstellungen dieser Rahmenordnung in einen landeskirchlichen Verein umgewandelt wird.

1.2 Situationen im Blick auf die Hochschule

Wenn ESG-Mitglieder gleichzeitig noch direkt innerhalb der hochschulpolitischen Szene aktiv sind, sei es als AStA- oder als Studentenparlaments-Mitglied, sei es als Fachschaftssprecher, bestimmt dieser Aufgabenbereich durch eine Vielzahl von Problemen den Einzelnen wie auch die Gemeinde. Denn: Da nur eine verschwindend kleine Zahl von Studenten bereit ist, bei der politischen Arbeit an der Hochschule mitzumachen, werden die Engagierten zu Aktivisten und Funktionären. Der Zeitaufwand für ihre politische Betätigung wird immer größer. Oft muß eine wichtige Arbeit zugunsten einer anderen liegen gelassen werden. Dies stößt auf Unverständnis und erregt oft Ärgernis bei den jeweilig Mitengagierten, was einem schnell ein schlechtes Gewissen einträgt. – Dazu kommen noch Vermittlungsschwierigkeiten innerhalb der Gemeinde: Was interessiert schon eine Biochemikerin die neue Prüfungsordnung des Fachbereichs Evangelische Theologie?

Überall werden uns Barrikaden in den Weg unserer Berufsausbildung gestellt: das Hochschulrahmengesetz mit seinen Bestimmungen, die Beschneidung unserer studentischen Rechte durch Paragraphen einer universitären Grundordnung, neue Prüfungsordnungen, zentrale Scheinvergabe und vieles mehr. – Warum versuchen wir überhaupt noch, diese Barrikaden wegzuräumen, wo sich doch nirgends unsere Vorstellungen verwirklichen lassen?

Dazu kommt noch das Problem, daß es oft am nötigen Vertrauen untereinander fehlt, das einen frei machen könnte davon, seine Zeit- und Energieeinteilung vor anderen rechtfertigen zu müssen. Nur selten findet sich die Gelegenheit, in der man mit anderen zusammen diese Probleme aufarbeiten könnte. Doch was soll's: Nach einem derartigen, vielleicht im Moment sogar helfenden Gespräch kommt wieder der alte Trott. Nach dem Motto: »Einer muß ja die Arbeit machen!« bleibt man dem Aktivismus verhaftet. Man *hungert* nach Ruhe und Entspannung, die einem die anstehende Arbeit nicht gönnt. Man möchte aus dem *Gefängnis* des Teufelskreises ›Aktionismus‹ ausbrechen; doch der Kreis schließt sich immer wieder. Man möchte für andere da sein, doch man wird *blind* für ihre Probleme; die eigenen häufen sich immer mehr und werden unlösbar. Man möchte andere für politische Arbeit interessieren; doch merkt man dabei nicht, wie man selber an der Arbeit kräftemäßig zerbricht?

1.3 Die Situation für den Einzelnen in unserer Gruppe.

»Verlaßt Euch nicht auf Fürsten, nicht auf den Menschen, bei dem doch keine Hilfe ist.«

Wir Vertrauensstudenten haben ein Semester lang zusammen gewohnt und gearbeitet. Am Anfang haben wir viele Pläne und Vorstellungen gehabt, die wir nicht alle erfüllen konnten.

Einige Ziele sind uns aus dem Blick gekommen, und so konnte es geschehen, daß wir jetzt – am Ende dieses Semesters – vorsichtiger geworden sind. Jeder von uns hält den Einsatz seiner Kräfte in Grenzen, weil er kein Risiko eingehen will. Keiner ist sich mehr sicher, wieviel der andere investiert, deshalb hält er sich lieber auch zurück. Können wir deshalb wie der Psalmist sagen: »Auf Menschen ist kein Verlaß?«

»Fährt sein Odem aus, so kehrt er wieder zur Erde, und alsbald ist es aus mit seinen Plänen.«

Das müssen wir auch feststellen: In diesem Semester haben wir sicherlich etwas von der Endlichkeit des Menschen erfahren. Endlichkeit nicht nur in dem Sinne von Begrenztsein durch den Tod, sondern Endlichkeit auch auf anderen Ebenen. Auf der Suche nach Hilfe und Angenommensein finden wir Menschen, Freunde, Genossen, die genauso gefangen sind in Aggressionen wie wir, weil sie den gleichen Mechanismen ausgeliefert sind. Wir haben erlebt, daß es keinen zwischenmenschlichen Freiraum gibt. Es gibt nur Menschen, die genauso verletzbar und schwach sind wie wir. Ihre Grenze liegt dort, wo sie durch unser Verhalten getroffen sind, und diese Grenze ist nicht abschaffbar, indem wir sie einfach ignorieren. Können wir deshalb sagen: »Bei Menschen ist doch keine Hilfe?«

Jeder von uns hier kennt die Angst, von dem anderen als Objekt behandelt zu werden, nicht als Person mit Schwächen und Stärken. Auch an dieser Stelle waren wir gefangen in unserer Endlichkeit. Weil wir unter Zeit- und Leistungsdruck Beziehungen gegeneinander ausgespielt haben, konnten wir Menschen

nicht gerecht werden. Können wir deshalb endgültig sagen: »Verlaßt Euch nicht auf Menschen?«
Vielleicht haben wir auch manchmal Glück miteinander erlebt, wenn wir uns verstehen konnten, wenn wir die Fähigkeit hatten, den anderen in seinem Sosein zu erkennen. Wenn wir uns gegenseitig zuhören konnten und noch staunen konnten über die Person des anderen. Aber dieses Glück ist auch begrenzt, wie eine Insel. Festhalten konnten wir unser Glück nicht, und seine Dauer konnten wir nicht herbeizwingen. Vielleicht verhält es sich so: Je weiter wir uns auf Menschen einlassen, um so tiefer erfahren wir ihre Endlichkeit.

2. Sprecher:
Hoffnungen

2.1 In diese Situationen hinein spricht der Psalm von Hoffnung, die nicht diesen menschlichen Bedingungen unterworfen ist, sondern die radikal und absolut ist: »Wohl dem, dessen Hilfe der Gott Jakobs, dessen Hoffnung der Herr, sein Gott ist.« Auch wir bedürfen einer solchen Hoffnung, die sich nicht ausschließlich auf menschliche Möglichkeiten verlassen muß.
Was könnte eine solche Hoffnung austragen? – Wären wir auf uns selbst angewiesen, hätten wir Anforderungen an uns zu stellen, denen wir nie gerecht werden könnten. Dann würden die menschlichen Möglichkeiten zur bloßen Hilfe entwertet; wir müßten sie immer als beengend, als ungenügend empfinden. Nur dadurch, daß man sie nicht überfordert, kann man sie erst als Möglichkeit erkennen und sie in der Qualität, die sie hat, anerkennen. Die Partialität von Hilfe ist dann nicht der Gegensatz von Absolutheit, sondern ist Aufforderung, ist Anstoß, auf Absolutheit zu hoffen. Nur durch die Erfahrung von Liebe zwischen Menschen kennen wir Liebe und hoffen auf sie in umfassendem Sinn.

2.2 Wo aber kommt nun die große Hoffnung auf absolute Hilfe her, wie sieht sie aus?
Der Psalmist leitet seine Hoffnung her von seiner Auslegung

der Geschichte des Volkes Israel als des erwählten Gottesvolkes und sieht deren Erfüllung als notwendigen Endpunkt innerhalb der Geschichte seines Volkes. Die Verwirklichung seiner Hoffnung ist in der Geschichte angelegt und wird sich in der Geschichte erfüllen.

Unsere Hoffnung ist durch Jesus notwendig eine andere geworden als die, die der Psalmist hatte. Matthäus berichtet, wie Jesus sein Handeln dem Johannes im Gefängnis schildern läßt: Blinde werden sehend, Lahme gehen, Aussätzige werden rein, Taube hören, Tote werden auferweckt, und Armen wird die frohe Botschaft gebracht. Durch dieses Handeln Jesu scheint die Hoffnung des Psalmisten vorerst in der Tat eine Erfüllung im Ablauf der Geschichte zu finden. Durch seine Auferstehung zeigt Jesus aber zugleich, daß sein Handeln nicht der Endpunkt und die Erfüllung der Hoffnung des Psalmisten ist, sondern er begründet in seiner Auferstehung eine neue, noch größere Hoffnung auf sein kommendes Reich, das für alle Menschen kommt. Dieses Reich Gottes ist mit ihm angebrochen, bedarf aber zu seiner Vollendung solcher Qualitäten, wie sie nicht im Ablauf der Geschichte vorzufinden sind.

Wenn das Reich Gottes die Möglichkeiten und Bedingtheiten dieser Welt übersteigt, dann ist es nicht für uns verfügbar. Das heißt, es entsteht nicht durch unserer Hände Arbeit, wir können es nicht Stück für Stück aufbauen, und wenn wir es noch so wünschten, wir können es nicht herbeizwingen. Aber wir können es als angebrochen entdecken in den verschiedensten Formen der Liebe, die andere Menschen uns entgegenbringen, im Vertrauen, das wir empfangen und weitergeben, in dem Gefühl, angenommen zu sein. Wir können seinem Wirken Raum schaffen, können abbauen, was ihm entgegensteht, entlarven, wo sein Gegenteil behauptet, wo es verfälscht wird, indem wir versuchen, Herrschaft abzubauen, jedem das Recht auf Zukunft zuzugestehen, Liebe erfahrbar zu machen, Vertrauen zu ermöglichen. Auch wenn wieder neue Mauern aufgebaut werden, können sie uns zwar den Zugang zum Reich Gottes sperren, es aber nicht zerstören. Auch wenn Liebe wieder geleugnet wird, das Reich Gottes entstellt wird, bleibt uns das Wissen und Bewußtsein von ihm und seinem Wirken in dieser Welt. Daher haben wir die Kraft, immer wieder darauf zu hoffen, daß wir diese Mauern niederreißen können.

3. Sprecher:
Konkretionen – Konsequenzen

3.1 Welche Konsequenz ergibt sich aus der »großen Hoffnung« auf das Kommen des Reiches Gottes?
Der Psalmist antwortet einfach: »Ich will den Herrn loben, solange ich lebe, und meinem Gott singen, solange ich bin.« Er lobt, weil er mit Grund glücklich ist – er ist glücklich, weil er Grund zum Loben hat. Und wir? Es *ist* sicher für viele Grund zum Loben, zu sehen wie in diesen Tagen die Sonne den Nebel durchbricht und abends glutrot untergeht. Es *ist* für viele ein Grund zum Loben und zur Freude, Musik zu hören oder selber welche zu produzieren, egal womit. Es *ist* ein Grund zum Loben und Danken, zu erfahren, daß man anderen Menschen vertrauen kann und keine Angst haben muß.

3.2 Und doch stellte unser Landesbischof bei einem Besuch im Schlatterhaus fest, daß in Tübingen gar keine Studenten mit fröhlichen Gesichtern herumlaufen. Wie sollten sie auch? Chile z. B. und Auschwitz lassen doch – genau genommen – ein Lob Gottes unmöglich erscheinen. Wie sollen denn ein Reich Gottes irgendwo in der Zukunft und unsere Situationen hier etwas mit Loben und etwas miteinander zu tun haben können?
Diese Frage ist sicherlich entscheidend dafür, wie weit die Psalmen, vor allem die Psalmen dieser Predigtreihe, überhaupt sinnvolle Texte für uns heute sein können – ob wir nicht besser daran getan hätten, Klagepsalmen zu wählen statt Loblieder.
Ob wir nach Auschwitz, Vietnam und Chile Gott loben können, wird sich sagen lassen, wenn sich eine zureichende Antwort darauf findet, wie und wodurch Auschwitz, Vietnam und Chile möglich wurden. Wer diese Frage verdrängt, macht es sich zu

einfach, wenn er das Lob Gottes ohne weiteres mit dem kommenden Reich Gottes begründet und verknüpft.
Im Rahmen dieser Predigt kann die Antwort höchstens andeutungsweise gegeben werden – vielleicht ist es beim Predigtnachgespräch eher möglich. Nach unserer Meinung sind Auschwitz, Vietnam und Chile die letzte oder vorletzte Konsequenz daraus, daß Menschen meinen, sie könnten ein tausendjähriges Reich oder ein »Paradies« – mit welchen Mitteln auch immer – selber schaffen. Dieser Anspruch verkehrt das erhoffte Reich ins Gegenteil. Deswegen folgt daraus notwendig die Verachtung von Menschen, der Haß auf sie, ihre Vernichtung. Letztlich ist es diese Hybris, dieser Totalanspruch, der die Ursache ist für Auschwitz, für Vietnam und Chile.
Aber, liebe Freunde, das Reich ist uns verheißen! Gott sei Dank, daß wir das Reich der Freiheit nicht selber schaffen müssen, daß dessen Kommen nicht abhängig ist von unserem Tun. Gott sei Dank, daß wir angesichts aller Zu- und Umstände weder resignieren, noch in blinden Aktionismus verfallen müssen. Gott sei Dank, daß wir weder von Institutionen abhängig sind noch von unserem korrekten Tun.
Verknüpft sich nicht so die Verheißung des kommenden Reiches mit unserer Situation – so daß Lob Gottes möglich wird? Wenn wir es nicht »schaffen« müssen, brauchen wir auch kein Auschwitz, können es auch nicht brauchen und nicht leiden. Dann aber ist Lob Gottes nach Auschwitz grundsätzlich möglich und nötig.

3.3 Aber anstößig und ärgerlich ist wohl, daß der Psalmenbeter sein Leben lang Gott loben und singen will. Jedenfalls zunächst erscheint es uns angesichts geschilderter Situationen und Hoffnungslosigkeiten bestenfalls zu einem Stoß-Seufzer oder zu einem Stoßgebet zu reichen, zu mehr nicht.
Die *Voraus*setzung aber, die im Psalm genannt wird, läßt nachdenklich werden: zwar die Menschen sind sterblich, aber der Herr ist König ewiglich. Wir haben dies, wie gesagt, als Hinweis auf das Reich, das kommende Reich Gottes verstanden. –

Wie, wenn dies kommende Reich nicht nur unser Lassen (3.2), sondern auch unser Tun so bestimmen würde, daß Loben, Singen, Danken nicht nur punktuell oder als Summe von aneinandergereihten Sätzen und von verbalen oder musikalischen Äußerungen erschienen?

Wir verstehen es so, daß von der genannten Voraussetzung her Denken und Tun bestimmt sind und daß gerade so unser Leben zu Loben und Danken werden kann. Warum? Das kommende Reich Gottes ist bestimmt dadurch, daß Menschen nicht mehr über Menschen herrschen, daß keine Krankheit mehr ist, keine Tränen, kein Leid. Anders ausgedrückt: daß dort nicht-repressive Praxis möglich ist – Adorno hat dies den Archimedischen Punkt genannt.

Bestimmt von diesem »Punkt«, von der Hoffnung darauf, werden hier und jetzt »kleine Hoffnungen« möglich und wirklich, ereignet sich tendenziell weniger Unterdrückung von Menschen. Und dies, gerade dies, ist Anlaß zu Lob und Dank, gerade daraus erwächst Singen und Spielen. Genauer: Wohl wissend, daß *wir* das Reich nicht bauen müssen, werden wir sehend, wo wir blind waren; wird uns Recht geschaffen, wo wir Unrecht erfuhren; werden wir satt, wo wir hungerten; frei, wo wir gefangen und gebunden waren; aufgerichtet, wo wir niedergeschlagen waren. Meint: werden wir frei, uns andern Menschen zuzuwenden; selber Blinde sehend zu machen; selber Recht zu schaffen, wo Unrecht erfahren wird; selber Hungrige zu speisen; selber Gefangene frei zu machen; selber aufzurichten, die niedergeschlagen sind. So wäre unser Leben ein Loben, weil andern Menschen zugewandt, für sie offen, ohne sich selber zu verleugnen.

Freilich: Unsere Hoffnungen zerrinnen immer wieder, immer wieder befällt uns Resignation und Verzweiflung – siehe oben. Aber die große Hoffnung ist nicht abhängig von unserem Scheitern, von unseren Fehlern. Das Lob Gottes ist nicht abhängig vom Gelingen oder Mißlingen unserer Praxis. Gott sei Dank nicht. Gott sei Dank, daß es auch nicht abhängig ist vom Urteil Anderer über unser Tun. Unser Leben und unsere Hoffnung ist das kommende Reich Jesu, von dem wir in Jesu Theorie und Praxis den Anfang sehen. Gott sei Dank, daß wir deswegen nicht die Hände in den Schoß legen müssen, vielmehr unser Tun und Lassen eine Richtung, ein Ziel haben. Gott sei Dank, daß es dabei um die Menschen geht.

Schlußgebet.

Wir bitten dich, Herr,
für alle,
die glauben, ihre eigene Stärke und ihre Erfahrungen mit sich selbst seien Sinn und Hoffnungsgrund genug für ihr Leben,
für alle,
die glauben, mit eigenen Händen bauen zu können, was sie brauchen,
die glauben, sie brauchen nicht, was sie nicht bauen können,
daß sie sich nicht hassen müssen, wenn ihre Stärke sich als Schwäche erweist,
daß sie nicht ihre Zukunft vergewaltigen müssen,
daß sie nicht die Erwartungen an das Leben meinen drosseln zu müssen,
daß sie nicht für Erfolg ausrufen müssen, was keiner ist;
für alle,
die glauben, nach Auschwitz nicht mehr hoffen zu dürfen,
die ihre Augen vor Scham nicht mehr erheben,
die sich zu sehr erniedrigen, um die Verheißung und Größe des Reiches annehmen zu können,
für alle,
die nach Auschwitz nicht mehr hoffen können,
die die Trümmer ihres Lebens für die Trümmer deines Reiches halten,
die glauben, sie hätten zugleich mit ihrer Hoffnung auch dein Reich zerstört.
Herr, erbarme dich.

Wir bitten dich, Herr,
für alle,
deren kleine Hoffnungen täglich scheitern,
deren Versuche niedergeknüppelt werden,
deren Weg im Bürokratismus erstickt wird,
die verheizt werden, ohne auch nur Sand im Getriebe zu sein,
die isoliert werden, weil sie nicht angepaßt sind,
die keine Freunde finden, deren sie so dringend bedürfen,
daß sie nicht verführt werden, ihre Versuche aufzugeben und mit verschränkten Armen auf das Reich Gottes zu warten,
daß sie nicht Gebeugte, Unterdrückte, Blinde mit dem Hinweis auf das Reich Gottes abspeisen,
daß sie nicht ihre Verantwortung für diese Welt zurückgeben an das Reich, das sie überhaupt erst ermöglicht,
daß sie nicht ihre Hoffnung privatisieren,
daß sie beim Loben die Augen vor Auschwitz, Vietnam und Chile nicht schließen,
Herr, erbarme dich.

Wir bitten dich, Herr,
für alle,
die hungern nach Brot, nach Liebe, Friede und Gerechtigkeit,
für alle,
die gefangen sind in den sich ewig reproduzierenden Mechanismen,
für alle,
die blind sind für die Probleme und Bedürfnisse ihres Nächsten, auch für sich selbst,
für alle
Gebeugten, Gedemütigten, Niedergeschlagenen, Resignierenden,
für alle

Fremden, deren Arbeitskraft wir brauchen, aber nicht ihre Probleme,

für alle,

die verlassen sind und ausgestoßen aus unserem Denken und Handeln und unserer Liebe,

daß sie Kraft haben zu hoffen, daß das Reich auch für sie komme,

daß die Hoffnung ihr Befangensein überwindet,

daß sich Menschen finden, die Verantwortung des angebrochenen Reiches zu tragen.

Wir bitten dich, Herr,

für alle,

die um Hoffnung ringen,

die hin und her gerissen sind zwischen Rationalität und Irrationalität, zwischen Ich-Stärke und Unvollkommenheit,

die Angst haben und Mut zugleich,

für alle,

die Hoffnung in sich gelagert fühlen, ohne sie nennen zu können, deren Hoffnung sprachlos scheint,

für die,

die Hoffnung benennen, ohne ihre verzweigten Wurzeln zu kennen,

die wünschen und fürchten zugleich, nie mit dieser Hoffnung fertig zu werden,

daß sie nicht schweigen müssen, weil Perfektion gefordert ist,

daß sie stammeln dürfen, wo sie nicht singen können,

daß sie den Mut haben, etwas zu sagen, was sie selber nicht für das letzte halten,

daß sie sich nicht in fremde Kategorien zwängen, weil eigene nicht gefunden sind,

daß ihre Hoffnungen nicht in Ecken gedrängt werden, nicht etikettiert werden mit Namen, die ihnen nicht angemessen sind,

daß sie nicht festgenagelt werden auf ihre schwachen
Versuche,
Herr erbarme dich.

Der Friede Gottes, welcher höher ist als alle Vernunft, bewahre unsere Herzen und Sinne in Christus Jesus. Amen.

Bergpredigt

Revolution der Welt durch Gott?
13 Predigten in der Stiftskirche Tübingen

Herausgegeben von der Evang. Studentengemeinde Tübingen
124 Seiten, kartoniert

Die Frage, wie die Bergpredigt heute – in der besonderen Situation der Studentengemeinde Tübingen – Hinweise und Weisungen, aber auch Warnungen und Aufforderungen geben kann, war der Anlaß zu diesen Predigten. Dabei wird deutlich, daß die radikalen Forderungen, die dort erhoben werden, nicht nur gesellschaftspolitisch, sondern auch für die Gemeinde zu Aktionen führen, die die Situation ändern können und müssen. Jeweils an einem Abschnitt zeigen die einzelnen Prediger das Leben in der Gesellschaft nach den Forderungen der Bergpredigt, aber auch die Verantwortung dem anderen und demjenigen gegenüber, dem die Möglichkeiten fehlen, sich zu äußern. Damit gewinnen die Predigten grundsätzliche Bedeutung, die weit über den konkreten Anlaß hinausgeht.

Prophetische Predigt

Reich Gottes in dieser Welt? Jesaja 1-12
13 Predigten in der Stiftskirche Tübingen

Herausgegeben von der Evang. Studentengemeinde Tübingen
128 Seiten, kartoniert

Prophetisches Reden, vollmächtiges Reden, ist in unserer Zeit selten geworden. Predigten *über* prophetische Texte ist noch nicht prophetisches Reden. Wenn wir Jesaja recht verstanden haben, käme es darauf an, daß das verkündigte Wort in dieser Welt so Wirklichkeit wird, daß unser Tun dadurch qualifiziert wird – dann sind unsere Predigten prophetisch gewesen. In Jesaja 1–12 sind entscheidende, weil unsere Aufgabe betreffende Themen angesprochen: Die Verheißungen des kommenden Reiches; der Glaube des Gottesvolkes; sein von der Verheißung des Reiches bestimmtes Tun und Nicht-Tun; die Frage von Frieden und Krieg, Gewalt und Gewaltverzicht; Stichworte wie Freiheit, Gericht, Sinnesänderung, Dank – Fragen, die heute nicht weniger aktuell sind als damals.

Die vielen Namen Gottes

Festschrift zum 60. Geburtstag von Dr. Gerd Heinz-Mohr

Herausgegeben von Meinold Krauss und Johannes Lundbeck
Mit einem Geleitwort von Landesbischof Dr. Eduard Lohse, Hannover
368 Seiten, Leinen

Kein Name Gottes, den der Mensch sich ausdenken kann, begreift Gottes Wesen. Deswegen wollen die vielen Namen Gottes, die in der Bibel genannt werden, als seine Selbstoffenbarung verstanden werden, ohne den lebendigen Gott zwischen Buchdeckeln einzuschließen. Die heutige Krise des Redens von Gott bedeutet den Abschied von vielen traditionellen Gottesvorstellungen. Sie weist auf einen Gott, der allen menschlichen Begriffen voraus ist und mit dem der Mensch doch in eine personale Beziehung treten kann. Die biblische Aussage von Gott ist persönlich. Zu ihr müssen sämtliche Phänomene der modernen Welt in engste Beziehung gesetzt werden. Die Beiträge stehen im Horizont dieser Zielsetzung.

Martin Fischer

Geschichte in Gestalten

198 Seiten, kartoniert

Es geht um Menschen, die zu denken geben, und damit um Geschichte. Auf dem Hintergrund geschichtlicher Katastrophen gibt es Menschen, denen wir zu danken haben. Vielleicht wird um ihretwillen die Welt erhalten. Die Welt ist nicht so wüst, wie gottloser Undank behauptet. Wer nichts zu danken findet, ist selbst nichts wert. Er wird nichts stiften und bauen können.
Also nur dankbares Anerkennen des Bestehenden um jeden Preis? Süchtige Lebenserinnerungen eines heimwehkranken Konservativen? Nein. Nicht alles, was ist, ist vernünftig. Nicht jede Lehre ist der Rede wert. Aber es gibt Menschen, die Verantwor-

tung gewagt haben – da lohnt Erinnerung. Sie will zu Ehren bringen, was sich bewährt. Sie will nachdenklich machen. Da ist mehr als fauler Zauber unzufriedener Agenten, die selbstgerecht machen und zu Willkür und Gewalt verleiten. Gewißheit in Wort und Werk nährt gehorsam gewagtes Leben. Nichts sonst hat Verheißung. So ist jeder Mensch, von dem in den hier gesammelten Kurzdarstellungen die Rede ist, ein Zeichen der Hoffnung, daß wir von Gott nicht verlassen sind und nicht verlassen sein werden.

Die Wiedergewinnung des Humanen

Beiträge zur gesellschaftlichen Relevanz der Menschenrechte

Herausgegeben von Hermann Vogt
240 Seiten, kartoniert

Die Allgemeine Erklärung der Menschenrechte wurde am 10. Dezember 1948 von den Vereinten Nationen verkündet. Wie unterschiedlich aber die Menschenrechte in den einzelnen Staaten gewährt, verweigert oder durchgesetzt werden – sei es im wirtschaftlichen Bereich, im Bildungswesen oder in der Politik –: diese Frage wird hier ausgelotet. Autoren von Rang nehmen aus ihren Fachdisziplinen heraus Stellung zu einzelnen Aspekten. Das Problem der Menschenrechte hat konkrete Konsequenzen für die wissenschaftliche und didaktische Arbeit. Die Menschenrechte sind das Thema der Parteien, Gewerkschaften und Verbände, der Regierungen und Parlamente, der Schul- und Erwachsenenbildung und nicht zuletzt der Kirchen und ihrer Theologie.

Kurt Scharf

Für ein politisches Gewissen der Kirche
Aus Reden und Schriften 1932–1972

Herausgegeben von Wolfgang Erk
376 Seiten, kartoniert

Walter Fürst schreibt in den Göttinger Predigtmeditationen zu diesem Werk: »Das Buch verlangt Aufmerksamkeit. Wer es liest, gewinnt Respekt, Verehrung und eine tiefe Dankbarkeit abnötigendes Bild des bescheidenen und selbstlosen, aber tapferen und frommen Mannes, der vielfach verkannt wird und bis heute gehässigen Angriffen ausgesetzt ist, obwohl und weil er selbst so etwas wie das lebendige Gewissen der Kirche ist. Daß es doch möglich und wie es möglich ist, theologische Einsicht und Erkenntnis im kirchenleitenden Amt zu bewähren und zur Geltung zu bringen, dafür ist dieser Band ein Dokument ... Liest man das Buch ..., so lernt man Hintergründe und Zusammenhänge der Nachkriegszeit, die wir miterlebend durchaus nicht immer durchschaut haben, besser zu verstehen.«

Was ist der Mensch?

Über Sein und Bewußtsein

Herausgegeben von Günter Bezzenberger und Wolfgang Erk
176 Seiten, kartoniert

Hier wird eine Auswahl von etwa 130 Texten von Dichtern, Philosophen und Theologen vorgelegt, die – im Umfang von wenigen Zeilen bis zu einigen Seiten – nicht Halt machen vor weltanschaulichen, politischen oder konfessionellen Grenzen. Jede dieser Antworten auf die große Frage aus Psalm 8 ist bedenkenswert. Eine ungeahnte Fülle von Definitionen, Erfahrungen und Bekenntnissen wird mit diesem Buch vermittelt. Es geht um das Wissen zum Thema »Mensch«. Das Taschenbuch, in dem sich bekannte Texte mit Fremdem und Neuem mischen, ist eine vielfältig brauchbare Hilfe für junge wie ältere Menschen, die sich immer wieder vor die Frage gestellt sehen, was der Mensch vor und unter Gott denn eigentlich sei.